602

Latouët 2193

477 bis

RECUEIL DE PIECES FUGITIVES EN PROSE ET EN VERS.

Par Mr. DE VOLTAIRE.

A PARIS.

MDCCXL.

AVIS
DES EDITEURS.

NOUS avons crû que le Public verroit, avec quelque satisfaction, un Recueil fait avec soin de plusieurs morceaux Litteraires de la même main, lesquels étoient répandus dans les Portefeuilles de plusieurs Curieux, & dont une partie a paru imprimée. Nous avons consulté tous les Manuscrits & toutes les Editions, que nous avons recherché avec très-grand soin ; nous pouvons assurer que nous n'avons pas trouvé une seule piéce qui approchât de la correction de celles que nous donnons. Peut-être ces Ouvrages en passant par plusieurs mains, avoient été défigurés; peut-être l'Auteur en avoit-il lui-même donné des copies differentes. Mais enfin, nous efperons que tout Lecteur un peu au fait, ne balancera pas à diftinguer la véritable Leçon à laquelle on doit s'en tenir, d'avec tant de copies informes; & que les amateurs des Lettres nous fauront gré de la peine que nous avons prife.

TABLE

TABLE

Des Pieces contenues en ce Volume.

ESSAI sur le Siecle de LOUIS XIV. pag. 1.

DISCOURS EN VERS
SUR L'HOMME.

PREMIER DISCOURS. *De l'Egalité des Conditions.* 41.

SECOND DISCOURS. *De la Liberté.* 47.

TROISIEME DISCOURS. *De l'Envie.* 53.

QUATRIEME DISCOURS. *De la Modération en tout, dans l'Etude, dans l'Ambition, dans les Plaisirs.* 59.

CINQUIEME DISCOURS. *Sur la nature du Plaisir.* 65.

SIXIEME DISCOURS. *De la nature de l'Homme.* 71.

Fragment d'une Lettre, sur un Usage très-utile, établi en Hollande. 78.

De la Gloire, ou Entretien avec un Chinois. 81.

Du Suicide, ou de l'homicide de soi-même. 85.

ODES.

TABLE.

ODES.

Sur le Fanatisme.	pag. 91.
Pour Messieurs de l'Académie des Sciences, qui ont été au Cercle Polaire, & sous l'Equateur, déterminer la figure de la Terre.	97.
Sur la Paix.	102.

POESIES DIVERSES.

Le Mondain.	108.
Lettre de Monsieur Melon, ci-devant Secretaire du Régent, à Madame de Verue, sur le Mondain.	113.
Défense du Mondain, ou l'Apologie du Luxe.	114.
Epitre sur la Calomnie.	119.
Le Temple de l'Amitié.	126.
L'Anti-Giton.	131.
Le Cadenat.	134.
Epitre à Madame la Marquise du Chastellet, sur la Physique de Neuton.	137.
Aux Mânes de Monsieur de Genonville, Conseiller au Parlement.	141.
La Mort de Mademoiselle Le Couvreur.	143.

LET-

TABLE.

LETTRES FAMILIERES.

Lettre écrite à Monsieur l'Abbé de Chaulieu de Sully, le 5. Juillet 1717. pag. 147.

Lettre à Monsieur le Duc de Sully, 18. Août 1720. 150.

A Monseigneur le Prince de Vendôme. 153.

A Monsieur de Genonville, sur une Maladie. 157.

A Monsieur le Maréchal de Villars. 159.

A Madame de Fontaine-Martel. 161.

Lettre écrite de Plombieres, à Monsieur Pallu, Août 1729. 164.

Réponse à une Dame, ou soi-disant telle. 167.

Lettre sur la Tracasserie. A Monsieur de Bussy, Évêque de Luçon. 169.

A Monsieur de Formont, en lui envoyant les Oeuvres de Descartes & de Malbranche. 172.

A Monsieur le Duc de la Feuillade. 174.

A Monsieur de Fontenelle. 175.

Réponse de Monsieur de Fontenelle, à Monsieur de Voltaire. 178.

Stances sur les Poëtes Epiques. 180.

Vers au Camp de Philisbourg, le 3. Juillet 1734. 182.

MADRI-

TABLE.
MADRIGAUX.

Les deux Amours.	pag. 183.
Autre.	184.
Autre.	ibid.
Autre.	ibid.

LE TEMPLE DU GOUT. 185.
Remarques sur le Temple du Goût. 217.

FIN de la Table.

ESSAI
SUR LE SIECLE
DE
LOUIS XIV.

CE n'est point la vie de Louis XIV. qu'on prétend écrire, on se propose un plus grand objet. On veut essaïer de peindre à la postérité, non les actions d'un seul homme, mais l'esprit des hommes dans le Siécle le plus éclairé qui fut jamais.

Tous les temps ont produit des Héros & des Politiques : Tous les Peuples ont éprouvé des révolutions : Toutes les Histoires sont presque égales pour qui ne veut mettre que des faits dans sa mémoire. Mais quiconque pense, & ce qui est encore plus rare, quiconque a du goût, ne compte que quatre Siécles dans l'Histoire du Monde ; ces quatre Ages heureux, sont ceux où les Arts ont été perfectionnés, & qui, servant d'époque à la grandeur de l'esprit humain, sont l'exemple de la postérité.

Le premier de ces Siécles, à qui la véritable gloire est attachée, est celui de Philippe & d'Alexandre, ou celui des Péricles, des Démosthenes, des Aristotes, des Platons, des Appelles, des Phidias, des Praxiteles; & cet honneur a été renfermé dans les limites de la Gréce; le reste de la Terre étoit barbare.

Le second Age est celui de Cesar & d'Auguste, désigné encore par les noms de Lucrece, de Ciceron, de Tite-Live, de Virgile, d'Horace, d'Ovide, de Varron, de Vitruve.

Le troisiéme est celui qui suivit la prise de Constantinople par Mahomet II. Alors on vit en Italie une Famille de simples Citoïens, faire ce que devoient entreprendre les Rois de l'Europe; les Médicis appellérent à Florence les Arts que les Turcs chassoient de la Gréce; c'étoit le temps de la gloire de l'Italie. Toutes les Sciences reprenoient une vie nouvelle; les Italiens les honorérent du nom de *Vertu*, comme les premiers Grecs les avoient caractérisés du nom de *Sagesse*. Tout tendoit à la perfection: les Michel Anges, les Raphaels, les Titiens, les Tasses, les Ariostes fleurirent. La Gravure fut inventée; la belle Architecture reparut plus admirable encore que dans Rome triomphante; & la Barbarie Gotique, qui défiguroit l'Europe en tout genre, fut chassée de l'Italie pour faire en tout place au bon goût.

Les

Les Arts, toujours transplantés de Grèce en Italie, se trouvoient dans un terrain favorable, où ils fructifioient tout-à-coup. La France, l'Angleterre, l'Allemagne, l'Espagne, voulurent à leur tour avoir de ces fruits; mais, ou ils ne vinrent point dans ces climats, ou bien ils dégénérerent trop vîte.

François Premier encouragea des Sçavans, mais qui ne furent que sçavans; il eut des Architectes, mais il n'eut ni des Michel Ange, ni des Palladio; il voulut en vain établir des Ecoles de Peinture; les Peintres Italiens qu'il appella, ne firent point d'Eleves Français : Quelques Epigrammes & quelques contes libres composoient toute notre Poësie; Rabelais étoit notre seul livre de prose à la mode du temps de Henry II.

En un mot, les Italiens seuls avoient tout, si vous en exceptez la Musique, qui n'étoit encore qu'informe, & la Philosophie expérimentale, qui étoit inconnue par tout également.

Enfin, le quatriéme Siécle est celui qu'on nomme le Siécle de Louis XIV. & c'est, peut-être, celui des quatre qui approche le plus de la perfection. Enrichi des découvertes des trois autres, il a plus fait en certain genre, que les trois ensemble. Tous les Arts, à la vérité, n'ont point été poussés plus loin que sous les Médicis, sous les Augustes & les Alexandres; mais la raison humaine en général s'est perfectionnée. La saine Philosophie n'a été connue que dans ce temps : Et il est vrai de dire, qu'à commencer depuis les dernieres années du Cardinal de Richelieu, jusqu'à celles qui ont suivi la mort de Louis XIV. il s'est fait dans nos arts, dans nos esprits, dans nos mœurs, comme dans notre Gouvernement, une révolution générale, qui doit servir de marque éternelle à la véritable gloire de notre Patrie. Cette heureuse influence ne s'est pas même arrêtée en France ; elle s'est étendue en Angleterre ; elle a excité l'émulation, dont avoit alors besoin cette Nation spirituelle & profonde ; elle a porté le goût en Allemagne ; les Sciences en Moscovie ; elle a même ranimé l'Italie qui languissoit ; & l'Europe a dû sa politesse à Louis XIV.

Avant ce temps, les Italiens appelloient tous les Ultramontains du nom de Barbares ; & il faut avouer que les Français méritoient en quelque sorte cette injure. Nos Peres joignoient la Galanterie Romanesque des Maures, à la grossiereté gotique ; ils n'avoient presque aucuns des Arts aimables ; ce qui prouve que les Arts utiles étoient négligés : car, lorsqu'on a perfectionné ce qui est nécessaire, on trouve bien-tôt le beau & l'agréable; & il n'est pas étonnant que la Peinture, la Sculpture, la Poësie, l'Eloquence, la Philosophie, fussent presque inconnues à une Nation, qui ayant des Ports sur l'Océan & sur la Méditerranée, n'avoit pourtant point de Flote, &
qui,

qui, aimant le luxe à l'excès, avoit à peine quelques Manufactures grossieres.

Les Juifs, les Genois, les Vénitiens, les Portugais, les Flamans, les Hollandais, les Anglais, firent tour-à-tour notre commerce, dont nous ignorions les principes. Louis XIII. à son Avenement à la Couronne, n'avoit pas un Vaisseau : Paris ne contenoit pas quatre cent mille hommes, & n'étoit pas décoré de quatre beaux Edifices ; Les autres Villes du Royaume ressembloient à ces Bourgs qu'on voit au de-là de la Loire. Toute la Noblesse cantonnée à la Campagne, dans des donjons entourés de fossés, opprimoit ceux qui cultivent la terre. Les grands chemins étoient presque impraticables ; les Villes étoient sans Police, l'Etat sans argent, & le Gouvernement presque toujours sans crédit parmi les Nations étrangeres.

On ne doit pas se dissimuler, que depuis la décadence de la Famille de Charlemagne, la France avoit langui plus ou moins dans cette faiblesse, parce qu'elle n'avoit presque jamais joui d'un bon Gouvernement.

Il faut, pour qu'un Etat soit puissant, ou que le Peuple ait une liberté fondée sur les Loix, ou que l'autorité Souveraine soit affermie sans contradiction.

En France, les Peuples furent esclaves jusques vers le temps de Philippe Auguste ; les Seigneurs furent tirans jusqu'à Louis XI. &

les

les Rois, toujours occupés à soutenir leur autorité contre leurs Vassaux, n'eurent jamais, ni le temps de songer au bonheur de leurs Sujets, ni le pouvoir de les rendre heureux.

Louis XI. fit beaucoup pour la puissance Royale, mais rien pour la félicité & la gloire de la Nation.

François Premier fit naître le Commerce, la Navigation, les Lettres & tous les Arts; mais il fut trop malheureux pour leur faire prendre racine en France, & tous périrent après lui.

Henri le Grand vouloit retirer la France des calamités & de la barbarie, où trente ans de discorde l'avoient replongée, quand il fut assassiné dans sa Capitale, au milieu du Peuple dont il alloit faire le bonheur.

Le Cardinal de Richelieu, occupé d'abaisser la Maison d'Autriche, le Calvinisme & les Grands, ne jouit point d'une puissance assez paisible pour réformer la Nation; mais au moins il commença cet heureux ouvrage.

Ainsi, pendant neuf cent années, notre génie a été presque toujours rétréci sous un Gouvernement gotique, au milieu des divisions & des Guerres Civiles, n'ayant ni Loix ni Coutumes fixes, changeant de deux Siécles en deux Siécles un langage toujours grossier; les Nobles sans discipline, ne connoissant que la Guerre & l'oisiveté; les Ecclésiastiques vivant dans le désordre & dans l'ignorance; & les Peuples sans industrie, croupissant dans leur misére.

Voilà

Voilà pourquoi les Français n'eurent part, ni aux grandes découvertes, ni aux inventions admirables des autres Nations. L'Imprimerie, la Poudre, les Glaces, les Telescopes, le Compas de proportion, la Machine pneumatique, le vrai Siſtême de l'Univers, ne leur appartiennent point ; ils faiſoient des Tournois, pendant que les Portugais & les Eſpagnols découvroient & conqueroient de nouveaux Mondes à l'Orient & à l'Occident du Monde connu. Charles-Quint prodiguoit déja en Europe les tréſors du Mexique, avant que quelques Sujets de François Premier euſſent découvert la Contrée inculte du Canada ; mais, par le peu même que firent les Français dans le commencement du ſeiziéme Siécle, on vit de quoi ils ſont capables quand ils ſont conduits.

On ſe propoſe de montrer ici ce qu'ils ont été ſous Louis XIV. & l'on ſouhaite que la poſtérité de ce Monarque, & celle de ſes Peuples également animées d'une heureuſe emulation s'efforcent de ſurpaſſer leurs Ancêtres.

Il ne faut pas qu'on s'attende à trouver ici les détails preſque infinis des Guerres entrepriſes dans ce ſiécle ; on eſt obligé de laiſſer aux Annaliſtes le ſoin de ramaſſer avec exactitude tous ces petits faits, qui ne ſerviroient qu'à détourner la vûe de l'objet principal. C'eſt à eux à marquer les marches, les contremarches des Armées, & les jours où les tranchées furent ouvertes devant des Villes, prifes & reprifes par les armes, données & renduës par des Traités; mille circonftances intereffantes pour les contemporains, fe perdent aux yeux de la pofterité, & difparoiffent pour ne laiffer voir que les grands évenemens qui ont fixé la deftinée des Empires; tout ce qui s'eft fait ne mérite pas d'être écrit; on tâchera fur tout, dans cet Effai, de ne s'attacher qu'à ce qui mérite l'attention de tous les temps, à ce qui peut peindre le génie & les mœurs des hommes, à ce qui peut fervir d'inftruction, & confeiller l'amour de la vertu, des arts & de la Patrie.

On effayera de faire voir ce qu'étoient & la France & les autres Etats de l'Europe, avant la naiffance de Louis XIV. enfuite on décrira les grands évenemens politiques & militaires de fon règne. On dira ce qui s'eft paffé de fon temps au fujet de la Religion, qui ayant été donné aux hommes comme la régle de la morale, devient trop fouvent entre leurs mains un des grands objets de la politique. On parlera enfuite de la vie privée de Louis XIV. de cette vie toûjours égale, toûjours décente jufques dans les plaifirs, modéle de la conduite de tout homme en place. Le Gouvernement intérieur de fon Royaume, objet bien plus important, contiendra auffi quelques articles à part; enfin on traitera du progrès des Arts & des Sciences & de l'Hiftoire de l'efprit humain, principal objet de cet Ouvrage.

CHAPITRE PREMIER.

Des Etats Chrétiens de l'Europe avant Louis XIV.

IL y avoit déja long-tems qu'on pouvoit regarder l'Europe Chrétienne (à la Moscovie près) comme une grande République, partagée en plusieurs Etats, les uns Monarchiques, les autres Mixtes ; ceux-ci Aristocratiques, ceux-là Populaires ; mais tous correspondans les uns avec les autres, tous ayant un même fonds de Religion, quoique divisés en plusieurs Sectes, tous ayant les mêmes principes de droit public & de politique, inconnus dans les autres Parties du Monde. C'est par ces principes que les Nations Européannes ne font point esclaves leurs prisonniers, qu'elles respectent les Ambassadeurs de leurs ennemis, qu'elles conviennent ensemble de la prééminence & de quelques droits de certains Princes, comme de l'Empereur, des Rois & des autres moindres Potentats ; & qu'elles s'accordent sur tout dans la sage politique de tenir entr'elles, autant qu'elles peuvent, une balance égale de pouvoir, employant sans cesse les négociations, même au milieu de la Guerre, & entretetretenant les unes chez les autres des Ambassadeurs, ou des Espions moins honorables, qui peuvent avertir toutes les Cours des desseins d'une seule, donner à la fois l'alarme à l'Europe, & garantir les plus faibles des invasions, que le plus fort est toujours prêt d'entreprendre.

Depuis Charles Quint, la balance panchoit trop du côté de la Maison d'Autriche. Cette Maison puissante étoit vers l'an 1630. Maitresse de l'Espagne, du Portugal, & des Tréfors de l'Amerique ; la Flandre, le Milanois, le Royaume de Naples, la Bohême, la Hongrie, l'Allemagne même (si on peut le dire) étoient devenus son patrimoine ; & si tant d'Etats avoient été réunis sous un seul Chef de cette Maison, il est à croire que l'Europe lui auroit enfin été asservie.

De l'Allemagne. L'Empire d'Allemagne est le plus puissant voisin qu'ait la France ; il est à peu près de la même étenduë, moins riche peut-être en argent, mais plus fecond en hommes robustes & patiens dans le travail. La Nation Allemande est gouvernée, peu s'en faut, comme l'étoit la France sous les premiers Rois Capetiens, qui étoient les Chefs, souvent mal obéis, de plusieurs grands Vassaux, & d'un grand nombre de petits. Aujourd'hui soixante Villes libres, & qu'on nomme Imperiales, environ autant de Souverains Seculiers, près de quarante Princes Ecclesiastiques,

soit

soit Abbés, soit Evêques; neuf Electeurs, parmi lesquels on peut compter trois Rois : enfin l'Empereur, chef de tous ces Potentats, composent ce grand Corps Germanique, que le flegme Allemand fait subsister avec presque autant d'ordre, qu'il y avoit autrefois de confusion dans le Gouvernement Français.

Chaque membre de l'Empire a ses droits, ses privileges, ses obligations; & la connaissance difficile de tant de Loix, souvent contestées, fait ce qu'on appelle en Allemagne, *l'Etude du Droit public*, pour laquelle la Nation Germanique est si renommée.

L'Empereur, par lui-même, ne seroit guéres, à la verité, plus puissant, ni plus riche qu'un Doge de Venise. L'Allemagne partagée en Villes libres, & en Principautés, ne laisse au Chef de tant d'Etats que la prééminence, avec d'extrêmes honneurs, sans domaines, sans argent, & par consequent sans pouvoir; il ne possede pas, à titre d'Empereur, un seul Village; la Ville de Bamberg lui est assignée seulement pour sa résidence quand il n'en a pas d'autre. Cependant cette dignité, aussi vaine que suprême, étoit devenuë si puissante entre les mains des Autrichiens, qu'on a craint souvent qu'ils ne convertissent en Monarchie absoluë cette Republique de Princes.

Deux Partis divisoient alors, & partagent encore aujourd'hui l'Europe Chrétienne, &
sur-

sur-tout l'Allemagne. Le premier est celui des Catholiques, plus ou moins soumis au Pape : le second est celui des ennemis de la Domination Spirituelle & Temporelle du Pape & des Prélats Catholiques. Nous appellons ceux de ce Parti du nom général de Protestans, quoiqu'ils soient divisés en Lutheriens, Calvinistes & autres, qui tous se haïssent entr'eux, presque autant qu'ils haïssent Rome.

En Allemagne, la Saxe, le Brandebourg, le Palatinat, une partie de la Bohême, de la Hongrie, les Etats de la Maison de Brunswick, le Wirtemberg, suivent la Religion Lutherienne, qu'on nomme *Evangelique*; toutes les Villes libres Imperiales ont embrassé cette Secte, qui a semblé plus convenable que la Religion Catholique, à des peuples jaloux de leur liberté.

Les Calvinistes répandus parmi les Lutheriens, qui sont les plus forts, ne font qu'un parti médiocre ; les Catholiques composent le reste de l'Empire : & ayant à leur tête la Maison d'Autriche, ils étoient sans doute les plus puissans.

Non-seulement l'Allemagne, mais tous les Etats Chrétiens saignoient encore des playes qu'ils avoient reçues de tant de guerres de Religion, fureur particuliére aux Chrétiens, ignorée des Idolâtres, & suite malheureuse de l'esprit dogmatique introduit depuis si long-temps dans toutes les conditions. Il y a peu de points de controverses qui n'ayent causé une guerre civile ; & les Nations étrangeres (peut-être notre posterité) ne pourront un jour comprendre que nos peres se soient égorgés mutuellement pendant tant d'années, en prêchant la patience.

En 1619. l'Empereur Mathias étant mort sans enfans, le Parti Protestant se remua pour ôter l'Empire à la Maison d'Autriche, & à la Communion Romaine ; mais Ferdinand de Grats, cousin de Mathias, n'en fut pas moins élû Empereur. Il étoit déja Roi de Bohême & de Hongrie, par la démission de Mathias, & par le choix forcé que firent de lui ces deux Royaumes.

Ce Ferdinand II. continua d'abattre le Parti Protestant ; il se vit quelque tems le plus puissant & le plus heureux Monarque de la Chrétienté, moins par lui-même que par le succès de ses deux grands Généraux, Valstein & Tilly, à l'exemple de beaucoup de Princes de la Maison d'Autriche, conquérans sans être guerriers, & heureux par le mérite de ceux qu'ils savoient choisir. Cette Puissance menaçoit déja du joug, & les Protestans & les Catholiques : l'alarme fut même portée jusqu'à Rome, sur laquelle ce titre d'Empereur & de Roi des Romains, donne des droits chimériques que la moindre occasion peut rendre trop réels. Rome, qui

de

de son côté prétendoit autrefois un droit plus chimerique sur l'Empire, s'unit alors avec la France contre la Maison d'Autriche; l'argent des Français, les intrigues de Rome & les cris de tous les Protestans, appellérent enfin, du fond de la Suéde, Gustave-Adolphe le seul Roi de ce tems-là, qui pût prétendre au nom de Héros, & le seul qui pût renverser la puissance Autrichienne.

L'arrivée de Gustave en Allemagne changea la face de l'Europe. Il gagna en 1631. contre le General Tilly, la Bataille de Leipzik, si célébre par les nouvelles manœuvres de Guerre que ce Roi mit en usage, & qui passe encore pour le chef-d'œuvre de l'art Militaire.

L'Empereur Ferdinand se vit en 1632. prêt à perdre la Bohême, la Hongrie & l'Empire; son bonheur le sauva; Gustave-Adolphe fut tué à la Bataille de Lutzen, au milieu de sa Victoire, & la mort d'un seul homme rétablit ce que lui seul pouvoit détruire.

La politique de la Maison d'Autriche qui avoit succombé sous les Armes d'Adolphe, se trouva forte contre tout le reste; elle détacha les Princes les plus puissans de l'Empire, de l'alliance des Suedois. Ces Troupes victorieuses abandonnées de leurs Alliés & privées de leur Roi, furent battues à Norlingue; & quoique plus heureuses ensuite, elles furent toûjours moins à craindre que sous Gustave.

Ferdinand II. mort dans ces conjonctures, laissa tous ses Etats à son Fils Ferdinand III. qui hérita de sa politique, & fit, comme lui, la Guerre de son Cabinet : il regna pendant la minorité de Louis XIV.

L'Allemagne n'étoit point alors aussi florissante qu'elle l'est devenuë depuis ; le luxe y étoit inconnu, & les commodités de la vie étoient encore très-rares chez les plus grands Seigneurs ; elles n'y ont été portées que vers l'an 1686. par les Refugiés Français qui allèrent y établir leurs Manufactures. Ce Pays fertile & peuplé, manquoit de Commerce & d'Argent, la gravité des mœurs & la lenteur particuliére aux Allemans, les privoient de ces plaisirs & de ces Arts agréables, que la sagacité Italienne cultivoit depuis tant d'années, & que l'industrie Française commençoit dès-lors à perfectionner. Les Allemans riches chez eux, étoient pauvres ailleurs ; & cette pauvreté jointe à la difficulté de réünir long-tems sous les mêmes étendarts tant de peuples differens, les mettoit, à peu près, comme aujourd'hui, dans l'impossibilité de porter & de soûtenir long-temps la Guerre chez leurs voisins. Aussi c'est presque toûjours dans l'Empire que les Français ont fait la Guerre contre l'Empire. La difference du Gouvernement & du génie, rend les Français plus propres pour l'attaque, & les Allemans pour la défense.

L'Espa-

De l'Es- L'Espagne gouvernée par la Branche aî-
pagne. née de la Maison d'Autriche, avoit imprimé, après la mort de Charles-Quint, plus de
terreur que la Nation Germanique; les Rois
d'Espagne étoient incomparablement plus
absolus & plus riches ? Les mines du Mexique, & du Potose, sembloient leur fournir
de quoi acheter la liberté de l'Europe. Ce
projet de la Monarchie universelle de notre
continent Chrétien, commencé par Charles-
Quint, fut d'abord soûtenu par Philippe II. Il
voulut, du fond de l'Escurial, asservir la Chrétienté par les Négociations & par la Guerre.
Il envahit le Portugal. Il désola la France,
il menaça l'Angleterre, mais plus propre peut-
être à marchander de loin les Esclaves, qu'à
combattre de près ses ennemis. Il n'ajoûta
aucune Conquête à celle du Portugal. Il sa-
crifia, de son aveu, Quinze cent millions, qui
font aujourd'hui en 1735. plus de Trois mille
millions de notre monnoye, pour asservir la
France, & pour regagner la Hollande. Mais
ses trésors ne servirent qu'à enrichir ces Pays
qu'il voulut domter.

Philippe III. son fils, moins Guerrier encore & moins sage, eut peu de vertus de Roy.
La superstition, ce vice des ames faibles, ter-
nit son Regne & affaiblit la Monarchie Espagnole. Son Royaume commençoit à s'é-
puiser d'Habitans par les nombreuses Colo-
nies que l'avarice transplantoit dans le nouveau

veau monde, & ce fut dans ces circonstances, que ce Roi chassa de ses Etats plus de Huit cens mille Maures, lui qui auroit dû au contraire en faire venir davantage, s'il est vrai que le nombre des Sujets soit le vrai trésor des Rois ; l'Espagne fut presque déserte depuis ce temps. La fierté oisive des Habitans, laissa passer en d'autres mains les richesses du nouveau monde, l'Or du Perou devint le partage de tous les Marchands de l'Europe. En vain une loi sévere & presque toûjours executée, ferme les Ports de l'Amerique Espagnole aux autres Nations ; les Négocians de France, d'Angleterre, d'Italie, chargent de leurs Marchandises les Gallions, en rapportent le principal avantage, & c'est pour eux que le Perou & le Mexique ont été conquis.

La grandeur Espagnole ne fut donc plus sous Philippe III. qu'un vaste corps sans substance, qui avoit plus de réputation que de force.

Philippe IV. héritier de la faiblesse de son pere, perdit le Portugal par sa négligence, le Roussillon par la faiblesse de ses armes, & la Catalogne par l'abus du despotisme. C'est ce même Roi à qui le Comte Duc Olivares, son favori & son Ministre, fit prendre le nom de Grand à son avenement à la Couronne, peut-être pour l'exciter à mériter ce titre dont il fut si indigne, que tout Roi qu'il étoit, personne n'osa le lui donner. De tels Rois ne pouvoient être long-temps heureux dans leurs Guerres contre la France. Si nos divifions & nos fautes leur donnoient quelques avantages, ils en perdoient le fruit par leur incapacité. De plus, ils commandoient à des Peuples que leurs Privileges mettoient en droit de mal fervir; les Caftillans avoient la prérogative de ne point combattre hors de leur Patrie. Les Arragonois difputoient fans ceffe leur liberté contre le Confeil Royal, & les Catalans qui regardoient leurs Rois comme leurs ennemis, ne leur permettoient pas même de lever des Milices dans leurs Provinces; ainfi, ce beau Royaume étoit alors peu puiffant au-dehors & miférable au-dedans; nulle induftrie ne fecondoit dans ces climats heureux, les préfens de la nature; ni les Soyes de Valence, ni les belles Laines de l'Andaloufie & de la Caftille, n'étoient préparées par les mains Efpagnoles. Les Toilles fines étoient un luxe très-peu connu. Les Manufactures Flamandes, reftes des monumens de la Maifon de Bourgogne, fournifloient à Madrid ce que l'on connaiffoit alors de magnificence; les Etoffes d'or & d'argent étoient défendues dans cette Monarchie, comme elles le feroient dans une République indigente, qui craindroit de s'apauvrir. En effet, malgré les mines du nouveau monde, l'Efpagne étoit fi pauvre, que le miniftere de Philippe IV. fe trouva réduit

duit à la nécessité de faire de la monnoye de cuivre, à laquelle on donna un prix presque aussi fort qu'à l'argent ; il fallut que le Maître du Mexique & du Perou, fist de la fausse monnoye pour payer les charges de l'Etat ; on n'osoit, si on en croit le sage Gourville, imposer des taxes personnelles, parce que ni les Bourgeois, ni les gens de la campagne n'ayant presque point de meubles, n'auroient jamais pû être contraints à payer. Tel étoit l'état de l'Espagne, & cependant réunie avec l'Empire, elle mettoit un poids redoutable dans la balance de l'Europe.

Le Portugal redevenoit alors un Royaume. Jean, Duc de Bragance, Prince qui passoit pour faible, avoit arraché cette Province à un Roi plus faible que lui ; les Portugais cultivoient par nécessité, le commerce que l'Espagne négligeoit par fierté, ils venoient de se liguer avec la France & la Hollande en 1641. contre l'Espagne. Cette révolution du Portugal valut à la France plus que n'eussent fait les plus signalées Victoires. Le ministere Français qui n'avoit contribué en rien à cet évenement, en retira sans peine le plus grand avantage qu'on puisse avoir contre son ennemi, celui de le voir attaqué par une puissance irréconciliable.

Du Portugal.

Le Portugal secoüant le joug de l'Espagne, étendant son Commerce & augmentant sa puissance, rappelle ici l'idée de la Hollande,

B 2   qui

qui joüissoit des mêmes avantages d'une maniere bien differente.

De la Hollande.
Ce petit Etat des sept Provinces-Unies, Pays stérile, mal-sain, & presque submergé par la mer, étoit depuis environ un demi Siécle, un exemple presque unique sur la terre de ce que peuvent l'amour de la liberté, & le travail infatigable ; ces peuples pauvres, peu nombreux, bien moins aguerris que les moindres Milices Espagnoles, & qui n'étoient comptés encore pour rien dans l'Europe, résisterent à toutes les forces de leur Maître & de leur Tyran Philippe II., éluderent les desseins de plusieurs Princes qui vouloient les secourir pour les asservir, & fonderent une puissance que nous avons vû balancer le pouvoir de l'Espagne même. Le desespoir qu'inspire la tyrannie, les avoit d'abord armés ; La liberté avoit élevé leur courage, & les Princes de la Maison d'Orange en avoient fait d'excellens Soldats. A peine vainqueurs de leurs Maîtres, ils établirent une forme de Gouvernement, qui conserve, autant qu'il est possible, l'égalité, le droit le plus naturel des hommes.

La douceur de ce Gouvernement & la tolerance de toutes les manieres d'adorer Dieu, dangereuse peut-être ailleurs, mais là nécessaire, peuplerent la Hollande d'une foule d'Etrangers, & sur tout de Wallons que l'Inquisition persécutoit dans leur Patrie, & qui d'esclaves devinrent citoyens.

La Religion Calviniste dominant dans la Hollande, servit encore à sa puissance. Ce Pays, alors si pauvre, n'auroit pû ni suffire à la magnificence des Prélats, ni nourrir des Ordres Religieux, & cette Terre où il falloit des hommes, ne pouvoit admettre ceux qui s'engagent par serment à laisser périr, autant qu'il est en eux, l'espéce humaine. On avoit l'exemple de l'Angleterre, qui étoit d'un tiers plus peuplée depuis que les Ministres des Autels jouissoient de la douceur du Mariage, & que les esperances des Familles n'étoient plus ensevelies dans le célibat du Cloître.

Tandis que les Hollandais établissoient, les armes à la main, ce Gouvernement nouveau, ils le soutenoient par le négoce; ils allerent attaquer au fonds de l'Asie ces mêmes Maîtres, qui jouissoient alors des découvertes des Portugais; ils leur enleverent les Isles où croissent ces Epiceries précieuses, trésors aussi réels que ceux du Perou, & dont la culture est aussi salutaire à la santé, que le travail des Mines est mortel aux hommes.

La Compagnie des Indes Orientales, établie en 1602. gagnoit déja près de trois cent pour cent en 1620. Ce gain augmentoit chaque année. Bien-tôt cette Société de Marchands, devenue une puissance formidable, bâtit dans l'Isle de Java, la Ville de Batavia, la plus belle de l'Asie, & le centre du commerce, dans laquelle résident cinq mille

Chinois, & où abordent toutes les Nations de l'Univers. La Compagnie peut y armer trente Vaisseaux de Guerre de quarante piéces de Canon, & mettre au moins vingt mille hommes sous les armes. Un simple Marchand, Gouverneur de cette Colonie, y paraît avec la pompe des plus Grands Rois, sans que ce faste asiatique corrompe la frugale simplicité des Hollandais en Europe ; ce commerce & cette frugalité firent la grandeur des sept Provinces.

Anvers, si long-temps florissante, & qui avoit englouti le commerce de Venise, ne fut plus qu'un desert. Amsterdam, malgré les incommodités de son Port, devint à son tour le magasin du Monde. Toute la Hollande s'enrichit & s'embellit par des travaux immenses. Les eaux de la Mer furent contenues par des doubles Digues. Des Canaux, creusés dans toutes les Villes, furent revêtus de pierre ; les rues devinrent de larges Quais, ornés de grands arbres. Les Barques chargées de marchandises aborderent aux portes des Particuliers ; & les Etrangers ne se lassent point d'admirer ce mélange singulier, formé par les faîtes des maisons, les cimes des arbres, & les banderoles des Vaisseaux, qui donnent à la fois dans un même lieu, le spectacle de la Mer, de la Ville & de la Campagne.

Cet Etat, d'une espece si nouvelle, étoit, depuis sa fondation, attaché intimement à la

Fran-

France : l'intérêt les réunissoit ; ils avoient les mêmes Ennemis ; Henri le Grand & Louis XIII. avoient été ses Alliés & ses protecteurs.

L'Angleterre, beaucoup plus puissante, affectoit la Souveraineté des Mers, & prétendoit mettre une balance entre les Dominations de l'Europe ; mais Charles Premier, qui régnoit depuis 1625. loin de pouvoir soutenir le poids de cette balance, sentoit le Sceptre échaper déja de sa main ; il avoit voulu rendre son pouvoir en Angleterre, indépendant des Loix, & changer la Religion en Ecosse. Trop opiniâtre pour se désister de ces desseins, & trop faible pour les exécuter ; bon Mari, bon Maître, bon Pere, honnête homme, mais Monarque mal conseillé ; il s'engagea dans une Guerre civile, qui lui fit perdre enfin le Trône & la vie sur un échafaut, par une révolution presque inouie.

De l'Angleterre.

Cette Guerre civile, commencée dans la minorité de Louis XIV. empêcha pour un temps l'Angleterre d'entrer dans les intérêts de ses Voisins ; elle perdit sa considération avec son bonheur ; son Commerce fut interrompu ; les autres Nations la crurent ensevelie sous ses ruines jusqu'au temps où elle devint tout-à-coup plus formidable que jamais, sous la Domination de Cromwel, qui l'assujettit, en portant l'Evangile dans une main, l'épée dans l'autre, le masque de la Religion sur le visage, & qui, dans son Gouvernement, couvrit des qualités d'un grand Roi, tous les crimes d'un Usurpateur.

De Rome. Cette balance, que l'Angleterre s'étoit long-temps flatté de maintenir entre les Rois par sa puissance, la Cour de Rome essaïoit de la tenir par sa politique. L'Italie étoit divisée, comme aujourd'hui, en plusieurs Souverainetés : celle que possède le Pape est assez grande pour le rendre respectable comme Prince, & trop petite pour le rendre redoutable. La nature du Gouvernement ne sert pas à peupler son Païs, qui d'ailleurs a peu d'argent & de commerce; son autorité spirituelle, toujours un peu mêlée de temporel, est détruite & abhorrée dans la moitié de la Chrétienté; & si dans l'autre il est regardé comme un pere, il a des enfans qui lui résistent quelquefois avec raison & avec succès : La maxime de la France est de le regarder comme une personne sacrée, mais entreprenante, à laquelle il faut baiser les pieds, & lier quelquefois les mains. On voit encore dans tous les Païs Catholiques les traces des pas que la Cour de Rome a faits autrefois vers la Monarchie universelle. Tous les Princes de la Religion Catholique envoient au Pape, à leur avenement, des Ambassades qu'on nomme *d'Obédience*. Chaque Couronne a dans Rome un Cardinal qui

qui prend le nom de Protecteur. Le Pape donne des Bulles de tous les Evêchés, & s'exprime dans ses Bulles, comme s'il conféroit ces Dignités de sa seule puissance. Tous les Evêques Italiens, Espagnols, Flamans, & même quelques Français, se nomment Evêques par la permission Divine, & par celle du Saint Siége. Il n'y a point de Roïaume dans lequel il n'y ait beaucoup de Bénéfices à sa nomination ; il reçoit en tribut les revenus de la premiére année des Bénéfices consistoriaux.

Les Religieux, dont les Chefs résident à Rome, sont encore autant de Sujets immédiats du Pape, répandus dans tous les Etats. La Coutume qui fait tout, & qui est cause que le monde est gouverné par des abus comme par des Loix, n'a pas toujours permis aux Princes de remédier entiérement à un danger qui tient d'ailleurs à des choses utiles & sacrées. Prêter serment à un autre qu'à son Souverain, est un crime de leze Majesté dans un Laïque ; c'est dans le Cloître un acte de Religion. La difficulté de sçavoir à quel point on doit obéir à ce Souverain étranger, la facilité de se laisser séduire, le plaisir de secouer un joug naturel, pour en prendre un qu'on se donne à soi-même, l'esprit de trouble, le malheur des temps, n'ont que trop souvent porté des Ordres entiers de Religieux, à servir Rome contre leur Patrie.

L'esprit

L'esprit éclairé, qui regne en France depuis un Siécle, & qui s'eſt étendu dans preſque toutes les conditions, a été le meilleur remede à cet abus. Les bons Livres écrits ſur cette matiere, ſont de vrais ſervices rendus aux Rois & aux Peuples, & un des grands changemens qui ſe ſoient faits par ce moïen dans nos mœurs ſous Louis XIV., c'eſt la perſuaſion dans laquelle les Religieux commencent tous à être, qu'ils ſont Sujets du Roi, avant que d'être ſerviteurs du Pape. La Juriſdiction, cette marque eſſentielle de la Souveraineté, eſt encore demeurée au Pontife Romain. La France même, malgré toutes ſes libertés de l'Egliſe Gallicanne, ſouffre que l'on appelle au Pape en dernier reſſort dans les Cauſes Eccleſiaſtiques.

Si on veut diſſoudre un mariage, épouſer ſa couſine ou ſa niéce, ſe faire relever de ſes vœux, c'eſt à Rome (& non à ſon Evêque) qu'on s'adreſſe; les graces y ſont taxées, & les Particuliers, de tous les états, y achetent des diſpenſes à tout prix.

Ces avantages, regardés par beaucoup de perſonnes comme la ſuite des plus grands abus, & par d'autres, comme les reſtes des droits les plus ſacrés, ſont ſoutenus avec un art admirable. Rome ménage ſon crédit avec autant de politique que la République Romaine en mit à conquerir la moitié du Monde connu.

Jamais

Jamais Cour ne fçut mieux fe conduire felon les hommes & felon les temps. Les Papes font prefque toujours des Italiens, blanchis dans les affaires, fans paffions qui les aveuglent ; leur Confeil eft compofé de Cardinaux qui leur reffemblent, & qui font tous animés du même efprit. De ce Confeil émanent des ordres qui vont jufqu'à la Chine & à l'Amérique ; il embraffe en ce fens l'Univers ; & on peut dire ce que difoit autrefois un Etranger, du Sénat de Rome : J'ai vû un *Confiftoire des Rois*. La plûpart de nos Ecrivains fe font élevés avec raifon contre l'ambition de cette Cour ; mais je n'en vois point qui ait rendu affez de juftice à fa prudence. Je ne fçai fi une autre Nation eût pû conferver fi long-temps dans l'Europe, tant de prérogatives toujours combattues : toute autre Cour les eût peut-être perdues, ou par fa fierté, ou par fa moleffe, ou par fa lenteur, ou par fa vivacité : mais Rome, emploïant prefque toujours à propos la fermeté & la foupleffe, a confervé tout ce qu'elle a pû humainement garder : On la vit rampante fous Charles-Quint, terrible à notre Roi Henri III. ennemie & amie, tout-à-tour, de Henri IV. adroite avec Louis XIII. oppofée ouvertement à Louis XIV. dans le temps qu'il fut à craindre, & fouvent ennemie fecrette des Empereurs, dont elle fe défioit plus que du Sultan des Turcs.

Quelques droits, beaucoup de prétentions, encore plus de politique : voilà ce qui reste aujourd'hui à Rome de cette ancienne puissance, qui, six Siécles auparavant, avoit voulu soumettre l'Empire & l'Europe à la Tiare.

Naples est un témoignage subsistant encore de ce droit, que les Papes surent prendre autrefois avec tant d'art & de grandeur, de créer & de donner des Royaumes : Mais le Roi d'Espagne, possesseur de cet Etat, ne laissoit à la Cour Romaine que l'honneur & le danger d'avoir un Vassal trop puissant.

Du reste de l'Italie.
Au reste, l'Etat du Pape étoit dans une Paix heureuse, qui n'avoit été altérée que par une petite Guerre entre les Cardinaux Barberin, neveux du Pape Urbain VIII. & le Duc de Parme ; Guerre peu sanglante & passagere, telle qu'on la devoit attendre de ces nouveaux Romains, dont les mœurs doivent être nécessairement conformes à l'esprit de leur Gouvernement. Le Cardinal Barberin, auteur de ces troubles, marchoit à la tête de sa petite Armée avec des Indulgences. La plus forte Bataille qui se donna, fut entre quatre ou cinq cent hommes de chaque parti. La Forteresse de Piegaia se rendit à discrétion, dès qu'elle vit aprocher l'artillerie, & cette artillerie consistoit en deux coulevrines ; cependant il fallut, pour étouffer ces troubles, qui ne méritent point de place dans l'Histoire, plus de négociations, que s'il s'étoit agi de

de l'ancienne Rome & de Carthage. On ne rapporte cet évenement que pour faire connaître le génie de Rome moderne, qui finit tout par la négociation, comme l'ancienne Rome finiſſoit tout par des victoires.

Les autres Provinces d'Italie écoutoient des interêts divers. Veniſe craignoit les Turcs & l'Empereur; elle défendoit à peine ſes Etats de terre ferme, des prétentions de l'Allemagne, & de l'invaſion du Grand Seigneur. Ce n'étoit plus cette Veniſe, autrefois la Maîtreſſe du Commerce du monde; qui, cent cinquante ans auparavant avoit excité la jalouſie de tant de Rois. La ſageſſe de ſon Gouvernement ſubſiſtoit, mais ſon grand Commerce anéanti, lui ôtoit preſque toute ſa force; & la Ville de Veniſe étoit, par ſa ſituation, incapable d'être domptée, & par ſa foibleſſe, incapable de faire des conquêtes.

L'Etat de Florence joüiſſoit de la tranquillité & de l'abondance ſous le Gouvernement des Medicis; les Lettres, les Arts & la Politeſſe que les Medicis avoient fait naître, floriſſoient encore. Florence alors étoit en Italie, ce qu'Athenes avoit été en Grece.

La Savoye déchirée par une guerre civile, & par les Troupes Françaiſes & Eſpagnoles, s'étoit enfin réunie toute entiere en faveur de la France, & contribuoit en Italie à l'affaibliſſement de la Puiſſance Autrichienne.

Les Suiſſes conſervoient, comme aujourd'hui,

d'hui, leur liberté, sans chercher à oprimer personne. Ils vendoient leurs Troupes à leurs voisins plus riches qu'eux ; ils étoient pauvres ; ils ignoroient les Sciences & tous les Arts que le luxe a fait naître, mais ils étoient sages & heureux.

Des Etats du Nord. Les Nations du Nord de l'Europe, la Pologne, la Suede, le Dannemarck, la Moscovie, étoient, comme les autres Puissances, toujours en défiance, ou en guerre entr'elles. On voyoit, comme aujourd'hui, dans la Pologne les mœurs & le gouvernement des Gots & des Francs, un Roi électif ; des Nobles partageans sa puissance ; un peuple esclave, une faible Infanterie, une Cavalerie composée de Nobles : point de Villes fortifiées, presque point de commerces : ces peuples étoient tantôt attaqués par les Suedois, ou par les Moscovites, & tantôt par les Turcs. Les Suedois, Nation plus libre encore par sa Constitution, qui admet les païsans mêmes dans les Etats Généraux ; mais alors plus soumise à ses Rois que la Pologne, furent victorieux presque par tout. Le Dannemarck autrefois formidable à la Suede, ne l'étoit plus à personne, la Moscovie n'étoit encore que barbare.

Des Turcs. Les Turcs n'étoient pas ce qu'ils avoient été sous les Selims, les Mahomets, & les Solimans ; la molesse corrompoit le Serail, sans en bannir la cruauté. Les Sultans étoient en même

même temps & les plus Despotiques des Souverains, & les moins assurés de leur Trône & de leur vie. Osman & Ibrahim venoient de mourir par le cordeau. Mustapha avoit été deux fois déposé. L'Empire Turc ébranlé par ces secousses, étoit attaqué par les Persans; mais quand les Persans le laissoient respirer, & que les révolutions du Serail étoient finies, cet Empire redevenoit formidable à la Chrétienté; car depuis l'embouchûre du Boristene jusqu'aux Etats de Venise, on voyoit la Moscovie, la Hongrie, la Grece, les Isles, tour à tour, en proye aux Armées des Turcs: Et dès l'an 1635. ils faisoient constamment cette guerre de Candie si funeste aux Chrétiens. Telles étoient la situation, les forces, & l'interét des principales Nations Européanes, vers le temps de la mort du Roy de France Louis XIII.

La France alliée à la Suede, à la Hollande, à la Savoye, au Portugal, & ayant pour elle les vœux des autres peuples, demeurés dans l'inaction, soutenoit contre l'Empire & l'Espagne une guerre ruineuse aux deux Partis, & funeste à la Maison d'Autriche. Cette guerre étoit semblable à toutes celles qui se font depuis tant de Siécles entre les Princes Chrétiens, dans lesquelles des millions d'hommes sont sacrifiés, & des Provinces ravagées, pour obtenir enfin quelques petites Villes frontieres, dont la possession ne vaut jamais ce qu'a coûté la conquête.

Situation de la France.

Les

Les Généraux de Louis XIII. avoient pris le Rouſſillon; les Catalans venoient de ſe donner à la France, protectrice de la liberté qu'ils défendoient contre leurs Rois; mais ces ſuccès n'avoient pas empêché les ennemis de prendre Corbie en 1637. & de venir juſqu'à Pontoiſe. La peur avoit chaſſé de Paris la moitié de ſes habitans; & le Cardinal de Richelieu, au milieu de ſes vaſtes projets, d'abaiſſer la Puiſſance Autrichienne, avoit été réduit à taxer les Portes cocheres de Paris à fournir chacune un Laquais pour aller à la guerre, & pour repouſſer les ennemis des portes de la Capitale.

Les Français avoient dont fait beaucoup de mal aux Eſpagnols & aux Allemans, & n'en avoient pas moins eſſuyé.

Mœurs du Temps. Les Guerres avoient produit des Généraux illuſtres, tels qu'un Guſtave-Adolphe, un Valſtein, un Duc de Veimar, Picolomini, Jean de Vert, le Maréchal de Guebrian, les Princes d'Orange, le Comte d'Harcourt. Des Miniſtres d'Etat ne s'étoient pas moins ſignalés. Le Chancelier Oxenſtiern, le Comte Duc Olivares, mais ſur-tout le Cardinal Duc de Richelieu avoient attiré ſur eux l'attention de l'Europe: il n'y a aucun Siécle qui n'ait eu des hommes d'Etat & de Guerre célébres; la Politique & les Armes ſemblent malheureuſement être les deux Profeſſions les plus naturelles à l'homme; il faut toûjours ou negocier, nier, ou se battre. Le plus heureux passe pour le plus grand, & le Public attribuë souvent au mérite tous les succès de la fortune.

La Guerre ne se faisoit pas comme nous l'avons vû faire du temps de Louis XIV., les Armées n'étoient pas si nombreuses, aucun Général, depuis le Siége de Mets par Charles-Quint, ne s'étoit vû à la tête de cinquante mille hommes: on assiégeoit & on défendoit les Places avec moins de Canon qu'aujourd'hui. L'art des Fortifications étoit encore dans son enfance; les piques & les arquebuses étoient en usage; on n'avoit pas perdu l'habitude des armes défensives; il restoit encore des anciennes Loix des Nations, celle de declarer la Guerre par un Héraut. Louis XIII. fut le dernier qui observa cette coûtume. Il envoya un Héraut d'Armes à Bruxelles, déclarer la Guerre à l'Espagne en 1635.

Rien n'étoit plus commun alors que de voir des Prêtres commander des Armées: le Cardinal Infant, le Cardinal de Savoye, Richelieu, la Vallette, Sourdis Archevêque de Bourdeaux, avoient endossé la cuirasse, & fait la guerre eux-mêmes. Les Papes menacerent quelquefois d'excommunication ces Prêtres guerriers. Le Pape Urbain VIII. fâché contre la France, fit dire au Cardinal de la Vallette, qu'il le dépouilleroit du Cardinalat, s'il ne quittoit les armes; mais réuni avec la France, il le combla de bénédictions.

Les Ambassadeurs, non moins Ministres

de Paix que les Ecclesiastiques, ne faisoient nulle difficulté de servir dans les Armées des Puissances alliées auprès desquelles ils étoient employés. Charnacé, Envoyé de France en Hollande, y commandoit un Regiment en 1637. & depuis même l'Ambassadeur d'Estrade fut Colonel à leur service.

La France n'avoit en tout qu'environ quatre-vingt mille hommes effectifs sur pied. La Marine aneantie depuis des Siécles, rétablie un peu par le Cardinal de Richelieu, fut ruinée sous Mazarin. Louis XIII. n'avoit qu'environ trente millions réels de revenu, mais l'argent étoit à vingt-six livres le marc; ces trente millions revenoient à environ cinquante-sept millions de ce temps, où la valeur arbitraire du marc d'argent est poussée jusqu'à quarante-neuf livres idéales, valeur numeraire exorbitante, & que l'interêt public & la justice demandent, qui ne soit jamais augmentée.

Le Commerce généralement répandu aujourd'hui, étoit en très-peu de mains : la Police du Royaume étoit entierement negligée; preuve certaine d'une administration peu heureuse. Le Cardinal de Richelieu occupé de sa propre Grandeur, attachée à celle de l'Etat, avoit commencé à rendre la France formidable au dehors, sans avoir encore pû la rendre bien florissante au-dedans. Les grands chemins n'étoient ni reparés, ni gardés, les brigands les infectoient; les ruës de Paris étroites, mal pavées, & couvertes d'immondices dégoutantes,

étoient

étoient remplies de voleurs. On voit par les Regiſtres du Parlement, que le Guet de cette Ville étoit réduit alors à quarante-cinq hommes mal payés, & qui même ne ſervoient pas.

Depuis la mort de François II. la France avoit été toûjours ou déchirée par des guerres civiles, ou troublée par des factions. Jamais le joug n'avoit été porté d'une maniere paiſible & volontaire. Les Seigneurs avoient été élevés dans les conſpirations, c'étoit l'art de la Cour, comme celui de plaire au Souverain, l'a été depuis.

Cet eſprit de diſcorde & de faction, avoit paſſé de la Cour juſqu'aux moindres Villes, & poſſedoit toutes les Communautés du Royaume; on ſe diſputoit tout, parce qu'il n'y avoit rien de reglé: il n'y avoit pas juſqu'aux Paroiſſes de Paris qui n'en vinſſent aux mains; les Proceſſions ſe battoient les unes contre les autres, pour l'honneur de leurs Bannieres. On avoit vû ſouvent les Chanoines de Notre-Dame, aux priſes avec ceux de la Sainte Chapelle; le Parlement & la Chambre des Comptes s'étoient battus pour le Pas dans l'Egliſe de Notre-Dame, le jour que Louis XIII. mit ſon Royaume ſous la protection de la Vierge.

Preſque toutes les Communautés du Royaume étoient armées; preſque tous les particuliers reſpiroient la fureur du Duel. Cette barbarie gotique, autoriſée autrefois par les Rois même, & devenuë le caractere de la Nation, contribuoit encore autant que les

Guer-

Guerres civiles & étrangeres, à dépeupler le pays. Ce n'eſt pas trop dire, que dans le cours de vingt années, dont dix avoient été troublées par la Guerre, il étoit mort plus de Français, de la main des Français même, que de celle des ennemis.

On ne dira rien ici de la maniere dont les Arts & les Sciences étoient cultivés, on trouvera cette partie de l'hiſtoire de nos mœurs à ſa place. On remarquera ſeulement que la Nation Françaiſe étoit plongée dans l'ignorance, ſans excepter ceux qui croyent n'être point peuple.

On conſultoit les Aſtrologues, & on y croyoit. Tous les Memoires de ces temps-là, à commencer par l'hiſtoire du Préſident de Thou, ſont remplis de Prédictions. Le grave & ſevere Duc de Sully, raporte ſerieuſement celles qui furent faites à Henry IV. Cette crédulité, la marque la plus infaillible de l'ignorance, étoit ſi accréditée, qu'on eut ſoin de tenir un Aſtrologue caché près de la Chambre de la Reine Anne d'Autriche, au moment de la naiſſance de Louis XIV.

Ce que l'on croira à peine, & ce qui eſt pourtant rapporté par l'Abbé Vittorio Siri, Auteur contemporain, très-inſtruit : c'eſt que Louis XIII. eut dès ſon enfance le ſurnom de Juſte, parce qu'il étoit né ſous le ſigne de la Balance.

La même faibleſſe qui mettoit en vogue cette chimere abſurde de l'Aſtrologie judiciaire, faiſoit croire aux poſſeſſions & aux ſortiléges ; on en faiſoit un point de Religion ; l'on

ne

ne voïoit que des Prêtres qui conjuroient des Démons. Les Tribunaux, composés de Magistrats, qui devoient être plus éclairés que le vulgaire, étoient occupés à juger des Sorciers. On reprochera toujours à la mémoire du Cardinal de Richelieu la mort de ce fameux Curé de Loudun, Urbain Grandier, condamné au feu, comme Magicien, par une commission du Conseil. On s'indigne que le Ministre & les Juges ayent eu la faiblesse de croire aux Diables de Loudun, ou la barbarie d'avoir fait périr un innocent dans les flammes. On se souviendra, avec étonnement, jusqu'à la derniere postérité, que la Maréchale d'Ancre fut brûlée en Place de Gréve, comme sorciere; & que le Conseiller Courtin, interrogeant cette femme infortunée, lui demanda de quel sortilége elle s'étoit servie pour gouverner l'esprit de Marie Médicis, que la Maréchale lui répondit: *Je me suis servie du pouvoir qu'ont les ames fortes sur les esprits faibles;* & qu'enfin cette réponse ne servit qu'à précipiter l'Arrêt de sa mort.

On voit encore dans une copie de quelques Regiftres du Châtelet, un Procès commencé en 1601. au sujet d'un Cheval qu'un Maître industrieux avoit dressé à peu-près de la maniere dont nous avons vû des exemples, on vouloit faire brûler le maître & le cheval, accusés tous deux de sortilége.

Dans cette disette d'Arts, de Police, de Raison, de tout ce qui fait fleurir un Empire, il s'é-

levoit

levoit de temps en temps des hommes de talent, & le Gouvernement se signaloit par des efforts qui rendoient la France redoutable. Mais ces hommes rares & ces efforts passagers, sous Charles VIII., sous François I., à la fin du Régne de Henry le Grand, servoient à faire remarquer davantage la faiblesse generale.

Ce défaut de lumieres dans tous les ordres de l'Etat, fomentoit, chez les plus honnêtes gens, des pratiques superstitieuses qui déshonoroient la Religion. Les Calvinistes, confondant avec le culte raisonnable des Catholiques, les abus qu'on faisoit de ce culte, n'en étoient que plus affermis dans leur haine contre notre Eglise. Ils opposoient à nos superstitions populaires, souvent remplies de débauches, une dureté farouche, & des mœurs féroces, caractére de presque tous les Réformateurs ; ainsi l'esprit de parti déchiroit & avilissoit la France ; & l'esprit de société, qui rend aujourd'hui cette Nation si célébre & si aimable, étoit absolument inconnu. Point de Maisons où les hommes de mérite s'assemblassent pour se communiquer leurs lumiéres ; point d'Académies, point de Théatres. Enfin, les Mœurs, les Loix, les Arts, la Société, la Religion, la Paix & la Guerre, n'avoient rien de ce qu'on vit depuis dans le Siécle qu'on appelle le Siécle de Louis XIV. *

* L'on fait commencer ce siécle environ à 1635.

DISCOURS
EN VERS
SUR L'HOMME,

AVERTISSEMENT
DE
L'EDITEUR.

Nous donnons cette suite de Discours en vers, qui est parvenue entre nos mains, & dont plusieurs ont été déja imprimés d'une maniere très-fautive.

Le premier Discours prouve l'égalité des conditions, c'est-à-dire, qu'il y a dans chaque Profession une mesure de biens & de maux, qui les rend toutes égales.

Le second, que l'homme est libre, & qu'ainsi c'est à lui à faire son bonheur.

Le troisiéme, que le plus grand obstacle au bonheur, est l'envie.

Le quatriéme, que pour être heureux, il faut être modéré en tout.

Le cinquiéme, que le plaisir vient de Dieu.

Le sixiéme, que le bonheur parfait ne peut être le partage de l'homme en ce monde; & que l'homme n'a point à se plaindre de son état.

PREMIER

PREMIER DISCOURS,

De l'égalité des Conditions.

AMI, dont la vertu toujours facile & pure,
A suivi par raison l'instinct de la Nature,
Qui sçais à ton état conformer tes desirs,
Satisfait sans fortune, & sage en tes plaisirs :
Heureux qui, comme toi, docile à son génie,
Dirigea prudemment la course de sa vie !
Son cœur n'entend jamais la voix du repentir :
Enfermé dans sa sphere, il n'en veut point sortir.
Les états sont égaux, mais les hommes différent :
Où l'imprudent périt, les habiles prosperent.
Le bonheur est le port où tendent les humains.
Les écueils sont fréquens, les vents sont incertains.
Le Ciel, pour aborder cette rive étrangere,
Accorde à tout mortel une barque légere,
Ainsi que les secours, les dangers sont égaux :
Qu'importe, quand l'orage a soulevé les eaux,
Que ta pouppe soit peinte, & que ton mât déploie
Une voile de pourpre & des cables de soie.
L'art du Pilote est tout ; &, pour dompter les vents,
Il faut la main du Sage, & non des ornemens.

Eh quoi ! me dira-t-on ; quelle erreur est la vôtre !
N'est-il aucun état plus fortuné qu'un autre ?
Le Ciel a-t-il rangé les mortels au niveau ?
La femme d'un Commis, courbé sur son bureau,

Vaut-elle une Princesse auprès du Trône assise?
N'est-il pas plus plaisant pour tout homme d'Eglise,
D'orner son front tondu d'un chapeau rouge ou vert,
Que d'aller, d'un vil froc obscurément couvert,
Recevoir à genoux, après Laude ou Matine,
De son Prieur cloîtré vingt coups de discipline?
Sous un triple mortier, n'est on pas plus heureux
Qu'un Clerc enseveli dans un Greffe poudreux?
Non; Dieu seroit injuste; & la sage Nature,
Dans ses dons partagés, garde plus de mesure.
Pense-t-on qu'ici bas son aveugle faveur
Au char de la Fortune attache le bonheur?
Jamais un Colonel n'auroit donc l'impudence
D'égaler en plaisirs un Maréchal de France?
L'Empereur est toujours, grace à tant de grandeurs,
Plus fortuné, lui seul, que les sept Electeurs:
Et le Roi des Romains feroit un téméraire,
De prétendre un moment au bonheur du Saint Pere.
Croi moi; Dieu, d'un autre œil, voit les faibles humains,
Formés tous du limon qu'ont animé ses mains.
Admirons de ses dons le différent partage:
Chacun de ses enfans reçut un héritage.
Le terrain le moins vaste a sa fécondité;
Et l'ingrat qui se plaint est seul déshérité.
Possédons sans fierté, subissons sans murmure
Le sort que nous a fait l'Auteur de la Nature.
Dieu, qui nous a rangé sous différentes loix,
Peut faire autant d'heureux, non pas autant de Rois.

On dit, qu'avant la Boëte apportée à Pandore,
Nous étions tous égaux; nous le sommes encore.

Avoir

De l'égalité des Conditions.

Avoir les mêmes droits à la félicité,
C'eſt pour nous la parfaite & ſeule égalité.
Vois-tu dans ces vallons ces Eſclaves champêtres,
Qui creuſent ces rochers, qui vont fendre ces Hê‑
   tres ;
Qui détournent ces eaux ; qui, la bêche à la main,
Fertiliſent la terre en déchirant ſon ſein ;
Ils ne ſont point formés ſur le brillant modele
De ces Paſteurs galans qu'a chantés *Fontenelle.*
Ce n'eſt point *Timarette*, & le tendre *Tircis*,
De roſes couronnés, ſous des mirthes aſſis,
Entrelaſſant leurs noms ſur l'écorce des Chênes ;
Vantant avec eſprit leurs plaiſirs & leurs peines.
C'eſt Pierrot, c'eſt Colin, dont le bras vigoureux
Souleve un char tremblant dans un foſſé bourbeux.
Perrette au point du jour eſt aux champs la pre‑
   miere.
Je les vois haletans, & couverts de pouſſiere,
Bravant dans ces travaux, chaque jour répétés,
Et le froid des Hivers, & les feux des Etés ;
Ils chantent cependant, leur voix fauſſe & ruſtique,
Gayement de *Pellegrin* détonne un vieux cantique.
La paix, le doux ſommeil, la force, la ſanté,
Sont le fruit de leur peine & de leur pauvreté.
Si Colin voit Paris, ce fracas de merveilles,
Sans rien dire à ſon cœur, aſſourdit ſes oreilles :
Il ne deſire point ces plaiſirs turbulens ;
Il ne les conçoit pas ; il regrette ſes champs.
Dans ſes champs fortunés l'Amour même l'appelle ;
Et tandis que Damis, courant de belle en belle,
Sous des lambris dorés, & vernis par *Martin*,
Des intrigues du temps compoſant ſon deſtin,

                           Duppé

Duppé par sa maîtresse, & haï par sa femme,
Prodigue à vingt beautés ses chansons & sa flamme;
Quitte Æglé qui l'aimoit, pour Cloris qui le fuit,
Et prend pour volupté le scandale & le bruit.
Colin, plus vigoureux, & pourtant plus fidele,
Revole vers Lisette en la saison nouvelle.
Il vient, après trois mois de regrets & d'ennui,
Lui présenter des dons aussi simples que lui.
Il n'a point à donner ces riches bagatelles,
Qu'*Hébert* vend à crédit pour tromper tant de Belles.
Sans tous ces riens brillans, il peut toucher un cœur;
Il n'en a pas besoin: C'est le fard du bonheur.

L'Aigle, fiere & rapide, aux aîles étendues,
Suit l'objet de sa flamme, élancé dans les nues.
Dans l'ombre des Vallons, le Taureau bondissant,
Cherche en paix sa Genisse, & l'aime en mugissant.
Au retour du Printemps, la douce Philomele
Attendrit par ses chants sa compagne fidele;
Et du sein des buissons, le moucheron leger,
Se mêle, en bourdonnant, aux insectes de l'air;
De son être content, qui d'entre eux s'inquiette,
S'il est quelque autre espéce, ou plus ou moins par-
   faite?
Et qu'importe à mon sort, à mes plaisirs présens,
Qu'il soit d'autres heureux, qu'il soit des biens plus
   grands?

Mais, quoi! cet indigent, ce mortel famélique,
Cet objet dégoûtant de la pitié publique,
D'un cadavre vivant traînant le reste affreux;
Respirant pour souffrir, est-il un homme heureux?
                                              Non,

Non, sans doute ; & Tamas qu'un Esclave détrône;
Ce Visir déposé, ce Grand qu'on emprisonne,
Ont-ils des jours sereins quand ils sont dans les fers?
Tout état a ses maux, tout homme a ses revers.
Moins hardi dans la paix, plus actif dans la guerre,
Charle auroit sous ses loix retenu l'Angleterre ;
Et *Dufresni*, plus sage & moins dissipateur,
Ne fût point mort de faim, digne mort d'un Auteur.
Tout est égal enfin. La Cour a ses fatigues,
L'Eglise a ses combats, la Guerre a ses intrigues :
Le mérite modeste est souvent obscurci.
Le malheur est partout, mais le bonheur aussi.
Ce n'est point la grandeur, ce n'est point la bassesse,
Le bien, la pauvreté, l'âge mûr, la jeunesse,
Qui fait, ou l'infortune, ou la félicité.

JADIS le pauvre Irus, honteux & rebuté,
Contemplant de Crésus l'orgueilleuse opulence,
Murmuroit hautement contre la Providence.
Que d'honneurs! disoit-il, que d'éclat! que de biens!
Que Crésus est heureux! Il a tout, & moi rien.
Comme il disoit ces mots, une Armée en furie
Attaque en son Palais le Tiran de Carie.
De ses vils Courtisans il est abandonné ;
Il fuit, on le poursuit; il est pris, enchaîné ;
On pille ses trésors, on ravit ses maîtresses;
Il pleure ; il apperçoit, au fort de ses détresses,
Irus, le pauvre Irus, qui, parmi tant d'horreurs,
Sans songer aux Vaincus, boit avec les Vainqueurs.
O Jupiter ! dit-il. O sort inexorable !
Irus est trop heureux ; je suis seul miserable.

Ils se trompoient tous deux, & nous nous trompons tous.
Quand du destin d'un autre, avidement jaloux,
Nous cédons à l'éclat qu'un beau dehors imprime.
Tous les cœurs sont cachés ; tout homme est un abîme.
La joie est passagere, & le rire est trompeur.
Hélas! Où donc chercher? Où trouver le bonheur?
Cet être si vanté, qu'on croit imaginaire?
Où? Chez toi, dans ton cœur, & dans ton caractére.

SECOND DISCOURS,

DE LA LIBERTÉ.

Dans le cours de nos ans, étroit & court passa-
ge,
Si le bonheur qu'on cherche est le prix du vrai sage,
Qui pourra me donner ce tréfor précieux ?
Dépend-il de moi-même ? Est-ce un préfent des
Cieux ?
Est-il comme l'Esprit, la Beauté, la Naissance,
Partage indépendant de l'humaine Prudence ?
Suis-je libre en effet ? Ou mon ame & mon corps
Sont-ils d'un autre agent les aveugles ressorts ?
Enfin, ma volonté qui me meut, qui m'entraîne,
Dans le Palais de l'Ame est-elle esclave ou Reine ?

Obscurement plongé dans ce doute cruel,
Mes yeux, chargés de pleurs, se tournoient vers le
Ciel ;
Lorsqu'un de ces Esprits, que le Souverain Etre
Plaça près de son Trône, & fit pour le connaître,
Qui respirent dans lui, qui brûlent de ses feux,
Descendit jusqu'à moi de la voûte des Cieux :
Ainsi le trait brillant du jour qui nous éclaire,
Part, arrive, illumine, & couvre l'Emisphére.
Il avoit pris un corps, ainsi que l'un d'entre eux,
Que nos peres ont vû dans des jours ténébreux,
Sous les traits de *Neuton*, sous ceux de *Galilée*,
Apporter la lumiere à la Terre aveuglée.

ECOUTE,

Deuxième Discours,

ECOUTE, me dit-il, prompt à me consoler,
Ce que tu peux entendre, & qu'on peut révéler.
J'ai pitié de ton trouble ; & ton ame sincere,
Puisqu'elle sçait douter, mérite qu'on l'éclaire.
Oui, l'Homme, sur la terre, est libre ainsi que moi ;
C'est le plus beau présent de notre commun Roi.
La Liberté qu'il donne à tout être qui pense,
Fait des moindres esprits, & la vie & l'essence.
Qui conçoit, veut, agit, est libre en agissant ;
C'est l'attribut divin de l'Etre tout-puissant.
Il en fait un partage à ses enfans qu'il aime.
Nous sommes ses enfans, des ombres de lui-même.
Il connut, il voulut, & l'Univers naquit.
Ainsi, lorsque tu veux, la matiere obéit.
Souverain sur la Terre, & Roi par la pensée,
Tu veux, & sous tes mains la Nature est forcée.
Tu commandes aux Mers, au soufle des Zéphirs,
A ta propre pensée, & même à tes desirs.
Ah ! sans la Liberté, que feroient donc nos ames ?
Mobiles agités par d'invisibles flammes,
Nos vœux, nos actions, nos plaisirs, nos dégoûts,
De notre Etre en un mot, rien ne seroit à nous.
D'un Artisan suprême, impuissantes machines,
Automates pensans, mûs par des mains divines ;
Nous serions à jamais de mensonge occupés,
Vils instrumens d'un Dieu qui nous auroit trompés.

COMMENT, sans Liberté, serions-nous ses images ?
Que lui reviendroit-il de ses brutes ouvrages ?
On ne peut donc lui plaire, on ne peut l'offenser ;
Il n'a rien à punir, rien à récompenser.
Dans les Cieux, sur la Terre, il n'est plus de justice.
Caton fut sans vertu, Catilina sans vice.

Le destin nous entraîne à nos affreux panchans,
Et ce cahos du monde est fait pour les méchans.
L'oppresseur insolent, l'usurpateur avare,
Cartouche, Mirivis, ou tel autre barbare
Plus coupable enfin qu'eux, le calomniateur
Dira: Je n'ai rien fait, Dieu seul en est l'auteur;
Ce n'est pas moi, c'est lui qui manque à ma parole,
Qui frappe par mes mains, pille, brûle, viole.
C'est ainsi que le Dieu de Justice & de paix,
Seroit l'auteur du trouble, & le Dieu des forfaits.
Les tristes partisans de ce Dogme effroïable,
Diroient-ils rien de plus, s'ils adoroient le Diable?

J'étois, à ce discours, tel qu'un homme enyvré,
Qui s'éveille en sursaut, d'un grand jour éclairé,
Et dont la clignotante & débile paupiere
Lui laisse encor à peine entrevoir la lumiere.
J'osai répondre enfin, d'une timide voix:
Interprète sacré des éternelles Loix,
Pourquoi, si l'homme est libre, a-t-il tant de foi-
    blesse?
Que lui sert le flambeau de sa vaine Sagesse?
Il le suit, il s'égare; & toujours combattu,
Il embrasse le crime en aimant la Vertu.
Pourquoi ce Roi du monde, & si libre & si sage,
Subit-il si souvent un si dur esclavage?

L'Esprit consolateur, à ces mots, répondit:
Quelle douleur injuste accable ton esprit!
La Liberté, dis-tu, t'est quelquefois ravie:
Dieu te la devoit-il immuable, infinie,

D   Egale

Egale en tout état, en tout temps, en tout lieu?
Tes destins sont d'un homme, & tes vœux sont
 d'un Dieu.
Quoi! Dans cet Océan, cet atome qui nage,
Dira: l'immensité doit être mon partage.
Non, tout est faible en toi, changeant & limité;
Ta Force, ton Esprit, tes Membres, ta Beauté.
La Nature, en tout sens, a des bornes prescrites,
Et le pouvoir humain seroit seul sans limites!
Mais, dis-moi, quand ton cœur formé de passions,
Se rend, malgré lui-même, à leurs impressions,
Qu'il sent dans ses combats sa Liberté vaincue,
Tu l'avois donc en toi, puisque tu l'as perdue?
Une fiévre brûlante, attaquant tes ressorts,
Vient, à pas inégaux, miner ton faible corps.
Mais, quoi! Par ce danger répandu sur ta vie,
Ta santé pour jamais n'est point anéantie.
On te voit revenir des portes de la mort,
Plus ferme, plus content, plus tempérant, plus fort.
Connais mieux l'heureux don que ton chagrin ré-
 clame,
La Liberté dans l'homme, est la santé de l'Ame.
On la perd quelquefois, la soif de la grandeur,
La colere, l'orgueil, un Amour suborneur,
D'un desir curieux les trompeuses saillies;
Hélas! Combien le cœur a-t-il de maladies?
Mais contre leurs assauts tu seras rafermi;
Prends ce livre sensé; consulte cet Ami,
 (Un Ami, don du Ciel, & le vrai bien du Sage)
Voilà l'*Helvetius*, le *Sylva*, le *Vernage*,
Que le Dieu des humains, prompt à les secourir,
Daigne leur envoïer sur le point de périr.

Est-il

Est-il un seul mortel de qui l'ame insensée,
Quand il est en péril, ait une autre pensée?
Vois de la Liberté cet ennemi mutin,
Aveugle partisan d'un aveugle destin.
Entends comme il consulte, approuve, ou délibere;
Entends de quel reproche il couvre un adversaire;
Vois comment d'un rival il cherche à se venger;
Comme il punit son fils, & le veut corriger.
Il le croyoit donc libre? oui, sans doute, & lui-
 même
Dément à chaque pas son funeste systême.
Il mentoit à son cœur, en voulant expliquer
Ce dogme absurde à croire, absurde à pratiquer.
Il reconnaît en lui le sentiment qu'il brave,
Il agit comme libre, & parle comme esclave.

Sur de ta Liberté, rapporte à son Auteur
Ce don que sa bonté te fit pour ton bonheur;
Commande à ta raison d'éviter ces querelles,
Des tyrans de l'esprit disputes immortelles;
Ferme en tes sentimens, & simple dans ton cœur;
Aime la Vérité, mais pardonne à l'Erreur.
Fuis les emportemens d'un zéle atrabilaire;
Ce mortel qui s'égare, est un homme, est ton frere;
Sois sage pour toi seul, compatissant pour lui;
Fais ton bonheur, enfin, par le bonheur d'autrui.

Ainsi parloit la voix de ce Sage suprême;
Ses discours m'élevoient au-dessus de moi-même;
J'allois lui demander, indiscret dans mes vœux,
Des secrets réservés pour les Peuples des Cieux:

Ce que c'est que l'Esprit, l'Espace, la Matiere,
L'Eternité, le Temps, le Ressort, la Lumiere.
Etranges questions qui confondent souvent
Le profond *s'Gravesande*, & le subtil *Mairant*,
Et qu'expliquoit en vain, dans ses doctes chimeres,
L'Auteur des tourbillons que l'on ne croit plus guéres;
Mais, déja s'échappant à mon œil enchanté,
Il voloit au séjour où luit la Vérité.
Il n'étoit pas vers moi descendu pour m'apprendre
Les secrets du Très-haut, que je ne puis comprendre;
Et s'il a daigné dire à mes vœux empressés,
Le secret d'être heureux, il en a dit assez.

TROISIEME

TROISIEME DISCOURS,

DE L'ENVIE.

SI l'Homme est créé libre, il doit se gouverner :
Si l'Homme a des tyrans, il les doit détrôner.
On ne le sçait que trop ; ces tirans sont les vices ;
Le plus cruel de tous dans ses sombres caprices,
Le plus lâche à la fois, & le plus acharné,
Qui plonge au fond du cœur un trait empoisonné ;
Ce bourreau de l'Esprit, quel est-il ? C'est l'Envie.
L'Orgueil lui donna l'être au sein de la Folie.
Rien ne peut l'adoucir, rien ne peut l'éclairer :
Quoiqu'enfant de l'Orgueil, il craint de se montrer.
Le mérite étranger est un poids qui l'accable ;
Semblable à ce Géant, si connu dans la Fable,
Triste ennemi des Dieux, par les Dieux écrasé,
Lançant en vain les feux dont il est embrasé.
Il blasphême, il s'agite en sa prison profonde ;
Il croit pouvoir donner des secousses au Monde ;
Il fait trembler l'Etna dont il est oppressé :
L'Etna sur lui retombe, il en est terrassé.
J'ai vû des Courtisans, yvres de fausse gloire,
Détester dans *Villars* l'éclat de la Victoire.
Ils haïssoient le bras qui faisoit leur appui.
Il combattoit pour eux, ils parloient contre lui.
Ce Héros eut raison, quand cherchant les batailles,
Il disoit à LOUIS : *je ne crains que Versailles,*
Contre vos Ennemis je marche sans effroi :
Défendez-moi des miens, ils sont près de mon Roi.

Cœurs jaloux ! A quels maux êtes-vous donc en
   proie ?
Vos chagrins sont formés de la publique joie ;
Convives dégoûtés, l'aliment le plus doux,
Aigri par votre bile, est un poison pour vous.
O vous, qui de l'honneur entrez dans la carriere,
Cette route à vous seul appartient-elle entiere ?
N'y pouvez-vous souffrir les pas d'un Concurrent ?
Voulez-vous ressembler à ces Rois d'Orient,
Qui de l'Asie esclave oppresseurs arbitraires,
Pensent ne bien régner, qu'en étranglant leurs freres ?

Lorsqu'aux jeux du Théatre, écueil de tant d'esprits,
Une affiche nouvelle entraîne tout Paris :
Quand *Dufrêne* & *Gossin*, d'une voix attendrie,
Font parler, ou Zamore, ou Fauste, ou Zénobie,
Le Spectateur content, qu'un beau trait vient saisir,
Laisse couler des pleurs, enfans de son plaisir :
Rufus désespéré, que ce plaisir outrage,
Pleure aussi dans un coin, mais ses pleurs sont de
   rage.

Hé bien ! pauvre affligé ; si ce fragile honneur,
Si ce bonheur d'un autre a déchiré ton cœur,
Mets du moins à profit le chagrin qui t'anime :
Mérite un tel succès, compose, efface, lime.
Le Public applaudit aux vers du *Glorieux* ;
Est-ce un affront pour toi ? Courage, écris, fais
   mieux,
Mais garde-toi sur tout, si tu crains les critiques,
D'envoier à Paris tes *Aïeux chimériques* : (*a*)

                                    Ne

(*a*) Mauvaise Comédie qui n'a pû être jouée.

De l'Envie.

Ne fais plus grimacer tes odieux portraits,
Sous des craïons groſſiers, pillés chez Rabelais.
Tôt ou tard on condamne un Rimeur ſatirique,
Dont la moderne Muſe emprunte un air gotique,
Et dans un vers forcé que ſurcharge un vieux mot,
Couvre ſon peu d'eſprit des phraſes de Marot.
Ce jargon dans un conte eſt encor ſupportable,
Mais le vrai veut un air, un ton plus reſpectable.
Si tu veux, faux Dévot, ſéduire un ſot Lecteur,
Au miel d'un froid ſermon, mêle un peu moins
 d'aigreur :
Que ton jaloux orgueil parle un plus doux langage;
Singe de la Vertu, maſque mieux ton viſage,
La gloire d'un Rival s'obſtine à t'outrager,
C'eſt en le ſurpaſſant que tu dois t'en venger;
Erige un monument plus haut que ſon trophée;
Mais, pour ſifler *Rameau*, l'on doit être un Orphée;
Il faut être Pſiché, pour cenſurer Vénus.
Eh! Pourquoi cenſurer? Quel triſte & vain abus!
On ne s'embellit point en blâmant ſa rivale.

 Qu'a ſervi contre Bayle une infame cabale?
Par le fougueux Jurieu * Bayle perſécuté,
Sera des bons eſprits à jamais reſpecté,

---

* Jurieu étoit un Miniſtre Proteſtant, qui s'acharna contre Bayle & contre le bon ſens ; il écrivit en fol, & il fit le prophète ; Il prédit que le Royaume de France éprouveroit des révolutions qui ne ſont jamais arrivées. Quant à Bayle, on ſçait que c'eſt un des Grands Hommes que la France ait produits. Le Parlement de Toulouſe lui a fait un honneur unique, en faiſant valoir ſon Teſtament, qui devoit être annullé comme celui d'un Réfugié, ſelon la rigueur de la Loi, & qu'il déclara valide, comme le teſtament d'un homme qui avoit éclairé le Monde, & honoré ſa Partie : L'Arrêt fut rendu ſur le raport de M. de Senaux, Conſeiller.

Et le nom de Jurieu, son rival fanatique,
N'est aujourd'hui connu que par l'horreur publique.
Souvent dans ses chagrins un misérable Auteur,
Descend au rôle affreux de calomniateur.
Au lever de Sejan, chez Nestor, chez Narcisse,
Il distille à longs traits son absurde malice.
Pour lui tout est scandale, & tout impiété.
Assurer que ce globe en sa course emporté,
S'éleve à l'équateur, en tournant sur lui-même,
C'est un rafinement d'erreur & de blasphême.
Malbranche est Spinosiste, & *Loke*, en ses écrits,
Du poison d'Epicure infecte les esprits.
Pope est un scélérat, de qui la plume impie
Ose vanter de Dieu la clémence infinie,
Qui prétend follement, O le mauvais Chrétien!
Que Dieu nous aime tous, & qu'ici tout est bien.

Cent fois plus malheureux, & plus infâme encore,
Est ce fripier d'écrits, que l'intérêt dévore,
Qui vend au plus offrant son encre & ses fureurs,
Méprisable en son goût, détestable en ses mœurs:
Médisant qui se plaint des brocards qu'il essuie;
Satirique ennuïeux, disant que tout l'ennuie;
Criant que le bon goût s'est perdu dans Paris,
Et le prouvant très bien, du moins par ses écrits.
On put à *Despréaux* pardonner la satire;
Il joignit l'art de plaire au malheur de médire.
Le miel que cette Abeille avoit tiré des fleurs,
Pouvoit de sa piquure adoucir les douleurs:
Mais, pour un lourd Frelon, méchamment imbécille,
Qui vit du mal qu'il fait, & nuit sans être utile,
On écrase à plaisir cet Insecte orgueilleux,
Qui fatigue l'oreille, & qui choque les yeux.

Quelle

Quelle étoit votre erreur ? O vous, Peintres vulgaires !
Vous, rivaux clandestins, dont les mains téméraires,
Dans ce Cloître où Bruno semble encore respirer,
Par une lâche Envie ont pû défigurer, *
Du Zeuxis des Français les sçavantes peintures ?
L'honneur de son pinceau s'accrut par vos injures :
Ces lambeaux déchirés en sont plus précieux ;
Ces traits en sont plus beaux, & vous plus odieux.

Détestons à jamais un si dangereux vice.
Ah ! qu'il nous faut chérir ce trait plein de justice !
D'un critique modeste, & d'un vrai bel esprit,
Qui, lorsque Richelieu follement entreprit
De rabaisser du Cid la naissante merveille,
Tandis que Chapelain osoit juger Corneille ;
Chargé de condamner cet ouvrage imparfait,
Dit, pour tout jugement : je voudrois l'avoir fait :
C'est ainsi qu'un grand cœur fait penser d'un grand homme.

A la voix de Colbert, Bernini vint de Rome,
De Perrault dans le Louvre il admira la main.
Ah ! dit-il : si Paris renferme dans son sein
Des travaux si parfaits, un si rare génie,
Falloit-il m'appeller du fond de l'Italie ?
Voilà le vrai mérite. Il parle avec candeur ;
L'Envie est à ses pieds, la Paix est dans son cœur.
Qu'il est grand ! qu'il est doux de se dire à soi-même ;
Je n'ai point d'ennemis, j'ai des rivaux que j'aime :

Je

* Quelques Peintres, jaloux du Sueur, gâtèrent ses tableaux qui sont aux Chartreux.

Je prends part à leur gloire, à leurs maux, à leurs biens.
Les Arts nous ont unis, leurs beaux jours sont les miens.
C'est ainsi que la Terre, avec plaisir, rassemble
Ces Chênes, ces Sapins, qui s'élevent ensemble.
Un suc, toujours égal est préparé pour eux.
Leur pied touche aux Enfers, leur cime est dans les Cieux :
Leur tronc inébranlable, & leur pompeuse tête,
Résiste, en se touchant, aux coups de la tempête.
Ils vivent l'un par l'autre ; ils triomphent du temps,
Tandis que sous leur ombre on voit de vils serpens
Se livrer, en sifflant, des guerres intestines,
Et de leur sang impur arroser leurs racines.

QUATRIEME

QUATRIEME DISCOURS,

DE LA MODERATION EN TOUT,
dans l'Etude, dans l'Ambition, dans les Plaisirs.

A Mr. H***

Tout vouloir eſt d'un Fou; l'excès eſt ſon partage;
La Modération eſt le tréſor du Sage.
Il ſçait régler ſes goûts, ſes travaux, ſes plaiſirs,
Mettre un but à ſa courſe, un terme à ſes deſirs.
Nul ne peut avoir tout; l'amour de la Science,
A guidé ta jeuneſſe au ſortir de l'enfance :
La Nature eſt ton livre, & tu prétends y voir
Moins ce qu'on a penſé, que ce qu'il faut ſçavoir.
La Raiſon te conduit, avance à ſa lumiere;
Marche encor quelques pas, mais borne ta carriere;
Au bord de l'infini ton cours doit s'arrêter,
Là commence un abyme, il le faut reſpecter.

Reaumur, dont la main ſi ſavante & ſi ſûre,
A percé tant de fois la nuit de la Nature,
M'aprendra-t-il jamais par quels ſubtils reſſorts,
L'Eternel Artiſan fait vegeter les corps?
Pourquoi l'Aſpic affreux, le Tigre, la Pantere,
N'ont jamais adouci leur cruel caractere?
Et que reconnaiſſant la main qui le nourrit,
Le Chien meurt en léchant le maître qu'il chérit?

D'où

D'où vient qu'avec cent pieds qui lui sont inutiles,
Cet Insecte tremblant traîne ses pas débiles ?
Pourquoi ce Ver changeant se bâtit un tombeau,
S'enterre, & résuscite avec un corps nouveau ;
Et le front couronné, tout brillant d'étincelles,
S'élance dans les airs en déployant ses aîles ?
Le sage *Du Fay* parmi ses Plans divers ;
Végetaux rassemblés des bouts de l'Univers,
Me dira-t-il pourquoi la tendre Sensitive,
Se flétrit sous nos mains honteuse & fugitive ?

MALADE, & dans un lit, de douleurs accablé,
Par l'éloquent *Silva* vous êtes consolé ;
Il sçait l'art de guérir autant que l'art de plaire ;
Demandez à *Silva*, par quel secret mystere,
Ce pain, cet aliment dans mon corps digeré,
Se transforme en un lait doucement préparé ?
Comment toûjours filtré dans ses routes certaines,
En longs ruisseaux de pourpre il court enfler mes veines ;
A mon corps languissant rend un pouvoir nouveau,
Fait palpiter mon cœur & penser mon cerveau ?
Il leve au Ciel les yeux, il s'incline, il s'écrie,
Demandez-le à ce Dieu qui nous donna la vie.

* REVOIS, *Maupertuis*, de ces Déserts glacés,
Où les rayons du jour sont six mois éclipsés ;
Apôtre de *Neuton*, digne appui d'un tel maître,
Né pour la vérité, viens la faire connaître.
Héros de la Phisique, Argonautes nouveaux,
Qui franchissez les Monts, qui traversez les Eaux,
Dont

* *Cet ouvrage fut fait en* 1737.

De la Moderation en tout.

Dont le travail immenſe & l'exacte meſure,
De la Terre étonnée a fixé la figure,
Dévoilez ces reſſorts qui font la peſanteur.
Vous connaiſſez les loix qu'établit ſon auteur,
Parlez, enſeignez-moi comment ſes mains fécondes,
Font tourner tant de Cieux, graviter tant de Mondes.
Pourquoi, vers le Soleil, notre globe entraîné
Se meut au tour de ſoi ſur ſon axe incliné;
Parcourant en douze ans les céleſtes demeures
D'où vient que Jupiter a ſon jour de dix heures?
Vous ne le ſçavez point. Votre ſavant Compas
Meſure l'Univers, & ne le connaît pas.
Je vous vois deſſiner par un art infaillible
Les dehors d'un Palais à l'homme inacceſſible;
Les angles, les côtés ſont marqués par vos traits,
Le dedans à vos yeux eſt fermé pour jamais.
Pourquoi donc m'affliger ſi ma débile vûë,
Ne peut percer la nuit ſur mes yeux répandue.
Je n'imiterai point ce malheureux Savant,
Qui des feux de l'Etna ſcrutateur imprudent,
Marchant ſur des monceaux de bitume & de cendre;
Fut conſumé du feu qu'il cherchoit à comprendre.

MODERONS-NOUS, ſur tout dans notre ambition,
C'eſt du cœur des humains la grande paſſion.
On cherche à s'élever, beaucoup plus qu'à s'inſ-
truire.
Vingt Savans qu'Apollon prenoit ſoin de conduire,
De l'éclat des grandeurs n'ont pu ſe détromper.
Au Parnaſſe ils regnoient, la Cour les vit ramper.
La Cour eſt de Circé le Palais redoutable,
  La Fortune y préſide, enchantereſſe aimable,

Qui

Qui des mains des Plaisirs préparant son poison,
Par un filtre invincible assoupit la raison.
Qui la voit est changé, c'est en vain qu'on la brave,
On est arrivé libre, on se retrouve esclave.
Le Guerrier tout couvert du sang des ennemis,
Le Magistrat austere & le grossier Commis,
Et la Dévote adroite, & le Marquis volage,
Tout y cherche, à l'envi, l'argent & l'esclavage.
Laissons ces insensés que leur espoir séduit,
Courir en malheureux au bonheur qui les fuit.
Mes Vers ne peuvent rien contre tant de folie,
La seule adversité peut réformer leur vie.
Parlons de nos Plaisirs : Ce sujet plein d'appas,
Est bien moins dangereux, & ne s'épuise pas.
De nos réflexions c'est la source féconde,
Il vaut mieux en parler que des Maîtres du Monde.
Que m'importe leur Trône, & quel suprême hon‑
 neur,
Quel éclat peut valoir un sentiment du cœur ?

Les Plaisirs sont les fleurs que notre divin Maître,
Dans nos Champs cultivés au tour de nous fait naître
Chacune a sa saison, & par des soins prudens
On peut en conserver dans l'hyver de nos ans ;
Mais s'il faut les cueillir, c'est d'une main légére,
On flétrit aisément leur beauté passagére :
N'offrez pas à vos sens de mollesse accablés,
Tous les parfums de Flore à la fois exhalés :
Il ne faut point tout voir, tout sentir, tout en‑
 tendre,
Quittons les voluptés pour savoir les reprendre ;

Le

De la Modération en tout.

Le Travail est souvent le pere du plaisir,
Je plains l'homme accablé du poids de son loisir.
Le bonheur est un bien que nous vend la Nature,
Il n'est point ici bas de moissons sans culture :
Tout veut des soins sans doute, & tout est acheté.

Regardez Lucullus, de sa table entêté,
Au sortir d'un spectacle où de tant de merveilles
Le Son perdu pour lui frappe en vain ses oreilles;
Il se traîne à souper plein d'un secret ennui,
Cherchant en vain la joie, & fatigué de lui ;
Son esprit offusqué d'une vapeur grossiere,
Jette encor quelques traits sans force & sans lumiere;
Parmi les voluptés dont il croit s'enyvrer,
Malheureux! il n'a pas le temps de desirer.

Jadis trop caressé des mains de la mollesse,
Le Plaisir s'endormit au sein de la Paresse ;
La Langueur l'accabla ; plus de chants, plus de vers;
Plus d'amour ; & l'Ennui détruisoit l'Univers :
Un Dieu qui prit pitié de la nature humaine,
Mit auprès du Plaisir, le Travail & la Peine;
La Crainte l'éveilla, l'Espoir guida ses pas ;
Ce cortége aujourd'hui l'accompagne ici bas.
Ne nous en plaignons point, imitons la Nature,
Elle couvre nos champs de glace ou de verdure.
Tout renaît au Printemps, tout meurit dans l'Eté ;
Livrons-nous donc comme elle à la diversité.

Climene a peu d'esprit, elle est vive, légere,
Touché de ses appas vous avez sçû lui plaire.
Vous pensez sur la foi de vos emportemens,
De vos jours à ses pieds couler tous les momens.

Mais

Mais bien-tôt de vos sens vous voyez l'imposture,
Ce feu follet s'éteint, privé de nourriture,
Votre bonheur usé n'est qu'un dégoût affreux,
Et vous avez besoin de vous quitter tous deux.
Ah ! pour vous voir toujours sans jamais vous déplaire,
Il faut un cœur plus noble, une ame moins vulgaire,
Un esprit vrai, sensé, fécond, ingénieux,
Sans humeur, sans caprice, & sur tout vertueux ;
Pour les cœurs corrompus l'Amitié n'est point faite.

O divine Amitié ! Félicité parfaite !
Seul mouvement de l'ame où l'excès soit permis,
Corrige les défauts qu'en moi le Ciel a mis ;
Compagne de mes pas dans toutes mes demeures,
Dans toutes les saisons & dans toutes les heures,
Sans toi tout homme est seul ; il peut par ton appui,
Multiplier son être & vivre dans autrui.
Idole d'un cœur juste, & passion du sage,
Amitié, que ton nom couronne cet Ouvrage.
Qu'il préside à mes Vers comme il régne en mon cœur,
Tu m'appris à connaître, à chanter le Bonheur.

CINQUIEME

CINQUIEME DISCOURS,

SUR LA NATURE DU PLAISIR,

A SON ALTESSE ROYALE
Monseigneur le Prince de ***.

Jusqu'a quand verrons nous ce rêveur fanatique,
Fermer le Ciel au monde ; & d'un ton despotique,
Damnant le genre humain, qu'il prétend convertir,
Nous prêcher la vertu pour la faire haïr ?
Sur les pas de Calvin ce fou sombre & sevère,
Croit que Dieu, comme lui, n'agit qu'avec colere.
Je crois voir d'un Tiran le Ministre abhorré,
D'esclaves qu'il a faits tristement entouré,
Dictant d'un air hideux ses volontés sinistres.
Je cherche un Roi plus doux, & de plus doux Ministres.
*P.... se crut parfait, alors qu'il n'aima rien ;
Il faut que l'on soit homme afin d'être chrétien.
Je suis homme, & d'un Dieu je chéris la clémence,
Mortels ! venez à lui, mais par reconnaissance.
La nature attentive à remplir vos desirs,
Vous appelle à ce Dieu par la voix des plaisirs.
Nul encor n'a chanté sa bonté toute entiere,
Par le seul mouvement il conduit la matiere.

E   Mais

---

* Cette piéce est uniquement fondée sur l'impossibilité où est l'homme d'avoir des sensations par lui-même. Tout sentiment prouve un Dieu, & tout sentiment agréable prouve un Dieu bienfaisant.

Mais c'est par le plaisir qu'il conduit les humains;
Sentez du moins les dons prodigués par ses mains.
Tout mortel au plaisir a dû son existence;
Par lui le corps agit, le cœur sent, l'esprit pense.
Soit que du doux sommeil la main ferme vos yeux,
Soit que le jour pour vous vienne embellir les cieux;
Soit que ces sens flétris cherchant leur nourriture,
L'aiguillon de la faim presse en vous la nature;
Ou que l'amour vous force en des momens plus doux,
A produire un autre être, à revivre après vous;
Par tout d'un Dieu clement la bonté salutaire,
Attache à vos besoins un plaisir necessaire:
Les mortels en un mot n'ont point d'autre moteur.

Sans l'attrait du plaisir, sans ce charme vainqueur,
Qui des loix de l'hymen eût subi l'esclavage?
Quelle beauté jamais auroit eu le courage
De porter un enfant dans son sein renfermé,
Qui déchire en naissant les flancs qui l'ont formé?
De conduire avec crainte une enfance imbecile,
Et d'un âge fougueux l'imprudence indocile?

Ah! dans tous vos Etats, en tout tems, en tout lieu,
Mortels à vos plaisirs reconnaissez un Dieu!
Que dis-je à vos plaisirs? c'est à la douleur même,
Que je connais de Dieu la sagesse suprême.
Ce sentiment si prompt dans nos corps répandu,
Parmi tous nos dangers sentinelle assidu,
D'une voix salutaire incessamment nous crie,
Menagez, défendez, conservez votre vie.

O moitié de notre être, amour propre enchanteur,
Sans nous tyranniser regne dans notre cœur.
Pour aimer un autre homme, il faut s'aimer soi-même.
Que Dieu soit notre exemple, il nous chérit, il s'aime.
Nous nous aimons dans nous, dans nos biens, dans nos fils,
Dans nos concitoyens, sur tout dans nos amis.
Cet amour necessaire est l'ame de notre ame.
Notre esprit est porté sur ces ailes de flamme.
Oui, pour nous élever aux grandes actions,
Dieu nous a par bonté donné les passions. *
Tout dangereux qu'il est c'est un present céleste,
L'usage en est heureux, si l'abus est funeste.
J'admire & ne plains point un cœur maître de soi,
Qui tenant ses desirs enchaînés sous sa loi,

S'ar-

* Comme presque tous les mots d'une Langue peuvent être entendus en plus d'un sens, il est bon d'avertir ici, qu'on entend par ce mot Passions, des desirs vifs & continués de quelque bien que ce puisse être : ce mot vient de *Pati*, souffrir, parce qu'il n'y a aucun desir sans souffrance ; desirer un bien c'est souffrir l'absence de ce bien, c'est *Pâtir*, c'est avoir une passion ; & le premier pas vers le plaisir, est essentiellement un soulagement de cette souffrance. Les vicieux & les Gens de bien ont tous également de ces desirs vifs & continus, appellés *Passions*, qui ne deviennent des vices que par leur objet ; le desir de réussir dans son art, l'Amour conjugal, l'Amour paternel, le goût des Sciences, sont des passions qui n'ont rien de criminel. Il seroit à souhaiter que les Langues eussent des mots pour exprimer les desirs habituels qui en soi sont indifferens, ceux qui sont vertueux, ceux qui sont coupables ; mais il n'y a aucune Langue au monde qui ait des signes representatifs de chacune de nos idées, & on est obligé de se servir du même mot dans une acception différente, à peu-près comme on se sert quelquefois du même instrument pour des Ouvrages de différente nature.

E 2

S'arrache au genre humain pour qui Dieu nous fit naître,
Se plaît à l'éviter, plûtôt qu'à le connaître ;
Et brûlant pour son Dieu, d'un amour dévorant,
Fuit les plaisirs permis, par un plaisir plus grand.
Mais que fier de ses croix, vain de ses abstinences,
Et sur tout en secret lassé de ses souffrances,
Il condamne dans nous tout ce qu'il a quitté,
L'hymen, le nom de Pere, & la Societé ;
On voit de cet orgueil la vanité profonde,
C'est moins l'ami de Dieu, que l'ennemi du monde;
On lit dans ses chagrins les regrets des plaisirs.
Le ciel nous fit un cœur, il lui faut des desirs.
Des Stoïques nouveaux le ridicule maître,
Prétend m'ôter à moi, me priver de mon être.
Dieu si nous l'en croyons seroit servi par nous,
Ainsi qu'en son Sérail, un Musulman jaloux,
Qui n'admet près de lui que ces monstres d'Asie,
Que le fer a privés des sources de la vie. *

Vous qui vous élevez contre l'humanité,
N'avez-vous lû jamais la docte antiquité ?
Ne connaissez-vous point les filles de Pélie,
Dans leur aveuglement voyez votre folie.
Elles croyent dompter la nature & le tems,
Et rendre leur vieux pere à la fleur de ses ans.
Leurs mains par piété dans son sein se plongerent,
Croyant le rajeunir, ses filles l'égorgerent.
Voilà votre portrait, Stoïques abusés,
Vous voulez changer l'homme, & vous le détruisez.

* Cela ne regarde que les esprits outrés, qui veulent ôter à l'homme tous les sentimens.

Un Monarque de l'Inde, honnête homme & peu sage,
Vers les rives du Gange, après un long orage,
Voyant de vingt Vaisseaux les débris dispersés,
Des mâts demi rompus, & des morts entassés,
Fit fermer par pitié le Port de son rivage;
Défendit que jamais par un profane usage,
Les Pins de ses Forêts, façonnés en Vaisseaux,
Portassent sur les mers à des Peuples nouveaux
Les fruits trop dangereux de l'humaine avarice.
Un bonze l'applaudit, on vanta sa justice;
Mais bientôt triste Roi d'un Etat indigent,
Il se vit sans pouvoir, ainsi que sans argent.
Un voisin moins bigot, & bien plus sage Prince,
Conquit en peu de tems sa stérile Province :
Il rendit la mer libre, & l'Etat fut heureux.

Je suis loin d'en conclure, orateur dangereux,
Qu'il faut lâcher la bride aux passions humaines ;
De ce coursier fougueux je veux tenir les rênes;
Je veux que ce torrent par un heureux secours,
Sans inonder mes champs les abreuve en son cours.
Vents épurez les airs, & souflez sans tempêtes ;
Soleil sans nous brûler, marche & luis sur nos têtes.
Dieu des êtres pensans, Dieu des cœurs fortunés,
Conservez les desirs que vous m'avez donnés,
Ce goût de l'amitié, cette ardeur pour l'étude,
Cet amour des beaux arts & de la solitude :
Voilà mes passions. Vous qui les approuvés,
Vous, l'honneur de ces arts par vos mains cultivés,
Vous, dont la passion nouvelle & genereuse,
Est d'éclairer la terre & de la rendre heureuse;

Grand Prince, esprit sublime, heureux present du ciel,
Qui connaît mieux que vous les dons de l'Eternel ?
Aidez ma voix tremblante & ma lire affaiblie,
A chanter le bonheur qu'il répand sur la vie.
Qu'un autre en frémissant craigne ses cruautés,
Un cœur aimé de vous ne sent que ses bontés.

SIXIEME DISCOURS,
DE LA NATURE DE L'HOMME.

LA voix de la vertu préside à tes concerts,
Elle m'apelle à toi par le charme des Vers.
Ta grande étude est l'homme, & de ce Labyrinthe,
Le fil de la raison te fait chercher l'enceinte.
Montre l'homme à mes yeux: honteux de m'ignorer,
Dans mon être, dans moi, je cherche à pénétrer.
Despréaux & *Pascal* en ont fait la Satyre,
Pope & le grand *Leibnits* moins enclins à médire,
Semblent dans leurs écrits prendre un sage milieu,
Ils descendent à l'homme, ils s'elevent à Dieu.
Mais quelle épaisse nuit voile encore la nature ?
Sois l'Oedipe nouveau de cette enigme obscure.
Chacun a dit son mot, on a long-tems rêvé,
Le vrai sens de l'énigme est-il enfin trouvé ?

Je sçais bien qu'à souper chez Laïs ou Catulle,
Cet examen profond passe pour ridicule.
Là pour tout argument quelques couplets malins
Exercent plaisamment nos cerveaux libertins.
Autre tems, autre étude, & la raison severe
Trouve accès à son tour, & peut ne point déplaire.
Dans le fond de son cœur, on se plait à rentrer,
Nos yeux cherchent le jour, lent à nous éclairer.
Le grand monde est léger, inappliqué, volage,
Sa voix trouble & séduit ; est-on seul, on est sage.

Je veux l'être, je veux m'élever, avec toi,
Des fanges de la terre au Trône de son Roi.
Montre moi si tu peux cette chaine invisible,
Du monde des esprits & du monde sensible,
Cet ordre si caché de tant d'êtres divers,
Que Pope après Platon, crut voir dans l'Univers.

Vous me pressez en vain. Cette vaste science,
Ou passe ma portée, ou me force au silence.
Mon esprit resserré sous le compas Français,
N'a point la liberté des Grecs & des Anglais.
Pope a droit de tout dire, & moi je dois me taire,
A Bourge un Bachelier peut percer ce mystere.
Je n'ai point mes degrez, & je ne prétends pas
Hasarder pour un mot de dangereux combats.
Ecoutés seulement un récit véritable,
Que peut-être *Fourmont* * prendra pour une fable,
Et que je lûs hier dans un livre Chinois,
Qu'un Jesuite à Pequin traduisit autrefois.

Un jour quelques Souris se disoient l'une à l'autre,
Que ce monde est charmant! quel empire est le nô-
tre?
Ce Palais si superbe est élevé pour nous,
De toute éternité, Dieu nous fit ces grands trous.
Vois-tu ces gras Jambons sous cette voûte obscure,
Ils y furent créés des mains de la nature.
Ces Montagnes de lard, éternels alimens,
Sont pour nous en ces lieux, jusqu'à la fin des tems.
Oui,

* Homme très-sçavant dans l'Histoire des Chinois, & même dans leur Langue.

Oui, nous sommes, grand Dieu! si l'on en croit
 nos sages,
Le chef-d'œuvre, la fin, le but de tes ouvrages.
Les Chats sont dangereux & prompts à nous manger,
Mais c'est pour nous instruire & pour nous corriger.

Plus loin, sur le duvet d'une herbe renaissante,
Près des bois, près des eaux, une troupe innocente
De Canards nazillans, de Dindons rengorgés,
De gros Moutons bêlans, que leur laine a chargés,
Disoient, Tout est à nous, Bois, Prez, Etangs, Mon-
 tagnes,
Le Ciel, pour nos besoins, fait verdir les Campa-
 gnes.
L'Asne paissoit auprès, & se mirant dans l'eau,
Il rendoit grace au ciel, en se trouvant si beau.
Pour les Asnes, dit-il, le Ciel a fait la Terre,
L'Homme est né mon esclave, il me panse, il me
 ferre.
Il m'étrille, il me lave, il prévient mes desirs,
Il bâtit mon Sérail, il conduit mes plaisirs.
Respectueux témoin de ma noble tendresse,
Ministre de ma joye, il m'améne une Anesse,
Et je ris quand je vois cet Esclave orgueilleux,
Envier l'heureux don que j'ai reçû des Cieux.

L'Homme vint, & cria, Je suis puissant & sage,
Cieux, Terres, Elemens, tout est pour mon usage,
L'Ocean fut formé pour porter mes Vaisseaux,
Les Vents sont mes Couriers, les Astres mes flam-
 beaux;

Ce Globe, qui des nuits blanchit les sombres voiles,
Croît, décroît, fuit, revient & préside aux Etoiles.
Moi, je préside à tout; mon esprit éclairé,
Dans les bornes du monde eût été trop serré.
Mais enfin de ce monde, & l'oracle & le maître,
Je ne suis point encor ce que je devrois être.
Quelques Anges alors, qui là haut dans les Cieux,
Reglent ces mouvemens imparfaits à nos yeux,
En faisant tournoyer ces immenses Planettes,
Disoient, Pour nos plaisirs, sans doute elles sont
  faites.
Puis de là sur la Terre, ils jettoient un coup d'œil,
Ils se moquoient de l'homme & de son sot orgueil.
Le *Tien* * les entendit, il voulut que sur l'heure,
On les fist assembler dans sa haute demeure.
Ange, homme, quadrupede & ces êtres divers,
Dont chacun forme un monde en ce vaste univers.

Ouvrages de mes mains, enfans d'un même pere,
Qui portez, leur dit-il, *mon divin caractere,*
Vous êtes nés pour moi, rien ne fut fait pour vous,
Je suis le centre unique où vous répondez tous :
Des destins & des temps connaissez le seul maître ;
Rien n'est grand ni petit, tout est ce qu'il doit être.
D'un parfait assemblage instrumens imparfaits,
Dans votre rang placés demeurez satisfaits ;
L'Homme ne le fut point. Cette indocile espece,
Sera-t-elle occupée à murmurer sans cesse ?
Un vieux Lettré Chinois qui toujours sur les bancs,
Combattit la raison par de beaux argumens,
Plein de *Confucius,* & sa Logique en tête,
Distinguant, concluant, presenta sa requête.

* Dieu des Chinois.

Pourquoi suis-je en un point resserré par les temps?
Mes jours devroient aller par-delà vingt mille ans.
Pourquoi ne suis-je pas haut de trois cent coudées?
D'où vient que je ne puis, plus prompt que mes idées,
Voyager dans la Lune, & reformer son cours?
Pourquoi faut-il dormir un grand tiers de mes jours?
Pourquoi ne puis-je, au gré de ma pudique flamme,
Faire, au moins en trois mois, cent enfans à ma femme?
Pourquoi fus-je en un jour si las de ses attraits?
Tes *pourquoi*, dit le Dieu, ne finiroient jamais?
Bien-tôt tes questions vont être décidées:
Va chercher ta réponse au Païs des idées;
Pars. Un Ange aussi-tôt l'emporte dans les airs,
Au sein du vuide immense, où se meut l'Univers,
A travers cent Soleils entourés de Planettes,
De Lunes, & d'Annaux, & de longues Comettes.
Il entre dans un Globe, où d'immortelles mains
Du Roi de la Nature ont tracé les desseins;
Où l'œil peut contempler les images visibles,
Et des Mondes réels & des Mondes possibles.
Mon vieux Lettré chercha, d'espérance animé,
Un Monde fait pour lui, tel qu'il l'auroit formé;
Il cherchoit vainement: l'Ange lui fait connaître,
Que rien de ce qu'il veut, en effet ne peut être;
Que si l'homme eût été tel qu'on feint les Géans,
Faisant la guerre au Ciel, ou plûtôt au bon sens,
S'il eût à vingt mille ans étendu sa carriere,
Ce petit amas d'eau, de sable & de poussiere,
N'eût jamais pû suffire à nourrir dans son sein,
Ces énormes enfans d'un autre genre humain.

Le Chinois argumente, on le force à conclure
Que dans tout l'Univers chaque Etre a sa mesure ;
Que l'homme n'est point fait pour ces vastes desirs ;
Que sa vie est bornée, ainsi que ses plaisirs ;
Que Dieu seul a raison, sans qu'il nous en informe.
Le Lettré, convaincu de sa sotise énorme,
S'en retourne ici bas, ayant tout approuvé ;
Mais il y murmura quand il fut arrivé.
Convertir un Docteur, est une œuvre impossible.

Mathieu *Garo* chez nous eut l'esprit plus flexible ;
Il loua Dieu de tout : peut-être qu'autrefois
De longs ruisseaux de lait serpentoient dans nos Bois :
La Lune étoit plus grande, & la nuit moins obscure :
L'Hiver se couronnoit de fleurs & de verdure :
L'Homme, ce Roi du Monde, & Roi très-fainéant,
Se contemploit à l'aise, admiroit son néant,
Et formé pour agir, se plaisoit à rien faire :
Mais, pour nous, fléchissons sous un sort tout contraire ;
Contentons-nous des biens qui nous sont destinés,
Passagers comme nous, & comme nous bornés,
Sans rechercher en vain ce que peut notre Maître,
Ce que fut notre Monde, & ce qu'il devoit être,
Observons ce qu'il est, & recueillons le fruit
Des trésors qu'il renferme, & des biens qu'il produit.
Si du Dieu qui nous fit l'éternelle puissance,
Eut à deux jours au plus borné notre existance,
Il nous auroit fait grace ; il faudroit consumer
Ces deux jours de la vie, à lui plaire, à l'aimer ;

Le temps est assez long pour quiconque en profite,
Qui travaille & qui pense en étend la limite.
On peut vivre beaucoup sans végeter long-temps,
Et je vais te prouver par mes raisonnemens : .....
Mais malheur à l'Auteur qui veut toujours instruire !
Le secret d'ennuïer est celui de tout dire.

C'est ainsi que ma Muse, avec simplicité,
Sur des tons différens chantoit la Vérité,
Lorsque de la Nature éclaircissant les voiles,
Nos Français à *Quito* cherchoient d'autres Etoiles ;
Que *Cleraut*, *Maupertuis*, entourés de glaçons,
D'un Secteur à lunette étonnoient les Lapons,
Tandis que d'une main stérilement vantée,
Le hardy *Vaucanson*, rival de Promethée,
Sembloit de la Nature, imitant les ressorts,
Prendre le feu des Cieux pour animer les corps.

Pour moi, loin des Cités, sur les bords du Permesse,
Je suivois la Nature, & cherchois la Sagesse ;
Et des bords de la Sphere, où s'emporta *Milton*,
Et de ceux de l'abîme où pénétra *Newton*,
Je les voïois franchir leur carriere infinie.
Amant de tous les Arts, & de tout grand génie ;
Implacable ennemi du Calomniateur,
Du fanatique absurde & du vil délateur ;
Ami sans artifice, auteur sans jalousie ;
Adorateur d'un Dieu, mais sans hipocrisie ;
Dans un corps languissant, de cent maux attaqué,
Gardant un esprit libre, à l'étude appliqué,
Et sçachant qu'ici bas la félicité pure
Ne fut jamais permise à l'humaine Nature.

FRAGMENT

FRAGMENT
D'UNE LETTRE,

SUR un Usage très-utile, établi en Hollande.

IL seroit à souhaiter que ceux qui sont à la tête des Nations imitassent les Artisans. Dès qu'on sçait à Londres qu'on fait une étoffe nouvelle en France, on la contrefait; pourquoi un Homme d'Etat ne s'empressera-t-il pas d'établir dans son Païs une Loi utile qui viendra d'ailleurs ? Nous sommes parvenus à faire la même porcelaine qu'à la Chine. Parvenons à faire le bien qu'on fait chez nos Voisins, & que nos Voisins profitent de ce que nous avons d'excellent.

Il y a tel Particulier qui fait croître dans son jardin des fruits que la Nature n'avoit destinés à meurir que sous la ligne. Nous avons à nos portes mille Loix, mille Coûtumes sages; voilà les fruits qu'il faut faire naître chez soi, voilà les arbres qu'il faut y transplanter; ceux-là viennent en tous climats, & se plaisent, dans tous les terrains. La meilleure Loi, le plus excellent Usage, le plus utile que j'aie jamais

Fragment d'une Lettre.

jamais vû, c'est en Hollande. Quand deux hommes veulent plaider l'un contre l'autre, ils font obligés d'aller d'abord au Tribunal des Juges Conciliateurs, apellés *Faiseurs de paix*. Si les Parties arrivent avec un Avocat & un Procureur, on fait d'abord retirer ces derniers, comme on ôte le bois d'un feu qu'on veut éteindre. Les Faiseurs de paix disent aux Parties : Vous êtes de grands fous de vouloir manger votre argent à vous rendre mutuellement malheureux ; nous allons vous accommoder sans qu'il vous en coûte rien. Si la rage de la chicane est trop forte dans ces Plaideurs, on les remet à un autre jour, afin que le temps adoucisse les Simptomes de leur maladie ; ensuite les Juges les envoient chercher une seconde, une troisiéme fois ; si leur folie est incurable, on leur permet de plaider, comme on abandonne à l'amputation des Chirurgiens des membres cangrénés, alors la Justice fait sa main.

Il n'est pas nécessaire de faire ici de longues déclamations, ni de calculer ce qui en reviendroit au genre humain, si cette Loi étoit adoptée. D'ailleurs je ne veux point aller sur les brisées de Monsieur l'Abbé de Saint P.... dont un Ministre plein d'esprit appelloit les projets, les *rêves d'un homme de bien*. Je scais que souvent un Particulier qui s'avise de proposer quelque chose pour le bonheur public, se fait berner. On dit : De quoi se mêle-t-il ? Voilà un plaisant homme, de vouloir que nous foïons plus heureux que nous ne fommes ! Ne fçait-il pas qu'un abus eft toujours le patrimoine d'une bonne partie de la Nation ? Pourquoi nous ôter un mal où tant de gens trouvent leur bien ? A cela je n'ai rien à répondre.

DE LA GLOIRE,

OU

ENTRETIEN AVEC UN CHINOIS.

EN 1723. il y avoit en Hollande un Chinois; ce Chinois étoit lettré & Négociant; deux choses qui ne devroient point du tout être incompatibles, & qui le sont devenues chez nous, graces au respect extrême qu'on a pour l'argent, & au peu de considération que l'espece humaine a montré, montre & montrera toujours pour le mérite.

Ce Chinois, qui parloit un peu Hollandais, se trouva dans une Boutique de Libraire avec plusieurs Sçavans; il demanda un livre; on lui proposa l'Histoire Universelle de M. Bossuet, mal traduite. A ce beau mot d'Histoire Universelle, Je suis, dit-il, trop heureux; je vais voir ce qu'on dit de notre grand Empire, de notre Nation, qui subsiste en Corps de Peuple depuis plus de cinquante mille ans, de cette suite d'Empereurs qui ont gouverné tant de Siécles; je vais voir ce qu'on pense de la Religion, des Lettrés, de ce culte simple que nous rendons à l'Etre suprême. Quel plaisir de voir comme on parle en Europe de nos Arts, dont plusieurs sont plus anciens chez nous, que tous les Roïaumes Européans!

F

péans ! Je croi que l'Auteur se sera bien mépris dans l'histoire de la Guerre que nous eûmes il y a 22552. ans, contre les Peuples Belliqueux de Tunquin & du Japon, & sur cette Ambassade solemnelle, par laquelle le puissant Empereur du Mogol nous envoïa demander des Loix, l'an du Monde 500000000000791234500000. Hélas ! lui dit un des Sçavans, on ne parle pas seulement de vous dans ce Livre ; vous êtes trop peu de chose ; presque tout roule sur la premiere Nation du Monde, l'unique Nation, le Peuple élû, le Peuple Juif.

Juif ! dit le Chinois ; ces Peuples-là sont donc les maîtres des trois quarts de la Terre au moins? Ils se flattent bien qu'ils le seront un jour, lui répondit-on ; mais, en attendant, ce sont eux qui ont l'honneur d'être ici Marchands Fripiers, & de rogner quelquefois les espéces. Vous vous moquez, dit le Chinois ; ces Peuples-là ont-ils jamais eu un vaste Empire ? Ils ont possédé, lui dis-je, en propre, pendant quelques années, un petit Païs ; Mais ce n'est point par l'étendue des Etats qu'il faut juger d'un Peuple, de même que ce n'est point par les richesses qu'il faut juger d'un homme. Mais, ne parle-t-on pas de quelqu'autre Peuple dans ce Livre, demanda le Lettré? Sans doute, dit le Sçavant, qui étoit auprès de moi, & qui prenoit toujours la parole : On y parle beaucoup d'un petit Païs de quatre-vingt lieues de large,

nommé

nommé l'Egypte, où l'on prétend qu'il y avoit un lac de cent cinquante lieues de tour. Tu-Dieu! dit le Chinois, un lac de cent cinquante lieues, dans un terrain qui en avoit quatre-vingt de large! Cela est bien beau! Tout le monde étoit sage dans ce Païs-là, ajouta le Docteur. Oh, le bon temps que c'étoit! dit le Chinois. Mais, est-ce là tout? Non, repliqua l'Européan; Il est tant question encore de ces célébres Grecs! Qui sont ces célébres Grecs? dit le Lettré. Ah! continua l'autre, il s'agit de cette Province, à-peu-près grande comme la deux centiéme partie de la Chine, mais qui a fait tant de bruit dans tout l'Univers. Jamais je n'ai ouï parler de ces gens-là, ni au Mogol, ni au Japon, ni dans la grande Tartarie, dit le Chinois d'un air ingénu.

Ah, ignorant! Ah, barbare! s'écria poliment notre Sçavant; vous ne connaissez donc point Epaminondas le Thébain, ni le Port de Pirée, ni le nom des deux chevaux d'Achille, ni comment se nommoit l'Asne de Silene? Vous n'avez entendu parler, ni de Jupiter, ni de Diogene, ni de Laïs, ni de Cibele, ni de...

J'ai bien peur, répliqua le Lettré, que vous ne sçachiez rien de l'avanture, éternellement mémorable, du célebre Xixofou Concochigramku, ni des misteres du Grand Fipfihihi. Mais, de graces, quelles sont encore les choses inconnues dont traite cette Histoire Universelle. Alors le Sçavant parla un quart d'heure d'heure de fuite de la République Romaine ; & quand il vint à Jules-Cefar, le Chinois l'interrompit, & lui dit : Pour celui-ci, je croi le connaître ; n'étoit-il pas Turc ?

Comment ! dit le Sçavant échauffé, eft-ce que vous ne fçavez pas au moins la différence qui eft entre les Païens, les Chrétiens & les Mufulmans ? Eft-ce que vous ne connaiffez point Conftantin, & l'Hiftoire des Papes ? Nous avons entendu parler confufément, répondit l'Afiatique, d'un certain Mahomet.

Il n'eft pas poffible, repliqua l'autre, que vous ne connaiffiez au moins Luther, Zuingle, Bellarmin, Ecolampade. Je ne retiendrai jamais ces noms-là, dit le Chinois. Il fortit alors, & alla vendre une partie confidérable de Thé Peco, & de fin Grogram, dont il acheta deux belles filles & un Mouffe, qu'il ramena dans fa Patrie, en adorant le *Tien*, & en fe recommandant à Confucius.

Pour moi, témoin de cette converfation, je vis ce que c'eft que la Gloire, & je dis, Puifque Cefar & Jupiter font inconnus dans le Roïaume le plus beau, le plus ancien, le plus vafte, le plus peuplé, le mieux policé de l'Univers : il vous fied bien, ô Gouverneurs de quelques petits Païs ; ô Prédicateurs d'une petite Paroiffe dans une petite Ville ; ô Docteurs de Salamanque ou de Bourges ; ô petits Auteurs ! ô pefans Commentateurs, il vous fied bien de prétendre à la réputation ?

DU SUICIDE.
OU DE L'HOMICIDE DE SOI-MESME.

PHILIPPE Mordant, Cousin Germain de ce fameux Comte de Peterborough, si connu dans toutes les Cours de l'Europe, & qui se vante d'être l'homme de l'Univers qui a vû le plus de Postillons & le plus de Rois; Philippe Mordant, dis-je, étoit un jeune homme de 27. ans, beau, bien fait, riche, né d'un sang illustre, pouvant prétendre à tout, &, ce qui vaut encore mieux, passionnément aimé de sa Maîtresse. Il prit à ce Mordant un dégoût de la vie : il paya ses dettes, écrivit à ses amis pour leur dire adieu, & même fit des Vers, dont voici les derniers traduits en Français ;

> L'Opium peut aider le sage,
> Mais selon mon opinion,
> Il lui faut au lieu d'Opium,
> Un Pistolet & du courage.

Il se conduisit selon ses principes, & se dépêcha d'un coup de Pistolet ; sans en avoir donné d'autre raison, sinon que son ame étoit lasse de son corps, & que quand on est mé-

content

content de sa maison, il faut en sortir. Il sembloit qu'il eût voulu mourir, parce qu'il étoit dégoûté de son bonheur.

Richard Smith vient de donner un étrange spectacle au monde, par une cause fort différente. Richard Smith étoit dégoûté d'être réellement malheureux ; il avoit été riche & il étoit pauvre ; il avoit eu de la santé, & il étoit infirme. Il avoit une femme à laquelle il ne pouvoit faire partager que sa misere : un enfant au Berceau étoit le seul bien qui lui restât. Richard Smith & Bridget Smith, d'un commun consentement, après s'être tendrement embrassés & avoir donné le dernier baiser à leur enfant, ont commencé par tuer cette pauvre créature, & ensuite se sont pendus aux colonnes de leur lit. Je ne connais nulle part aucune horreur de sang froid, qui soit de cette force ; mais la Lettre que ces infortunés ont écrite à M. Brindlay, leur Cousin, avant leur mort, est aussi singuliere que leur mort même.

,, Nous croyons, disent-ils, que Dieu nous ,, pardonnera, & nous avons quitté la vie, par- ,, ce que nous étions malheureux sans ressource ; ,, & nous avons rendu à notre fils unique le ser- ,, vice de le tuer, de peur qu'il ne devînt aussi ,, malheureux que nous, &c.

Il est à remarquer que ces gens, après avoir tué leur fils par tendresse paternelle, ont écrit à un ami, pour lui recommander leur chat &
leur

leur chien. Ils ont crû apparemment qu'il étoit plus aifé de faire le bonheur d'un chat & d'un chien, dans le monde, que celui d'un enfant, & ils ne vouloient pas être à charge à leur ami.

Toutes ces Hiftoires tragiques, dont les Gazettes Anglaifes fourmillent, ont fait penfer à l'Europe, qu'on fe tuë plus volontiers en Angleterre qu'ailleurs. Je ne fçais pourtant fi à Paris il n'y a pas autant de fous qu'à Londres ; peut-être que fi nos Gazettes tenoient un Regiftre exact de ceux qui ont eu la démence de fe vouloir tuer, & le trifte courage de le faire, nous pourrions fur ce point avoir le malheur de tenir tête aux Anglais. Mais nos Gazettes font plus difcrettes : les avantures des Particuliers ne font jamais expofées à la médifance publique dans ces Journaux avoués par le Gouvernement. Tout ce que j'ofe dire avec affurance, c'eft qu'il ne fera jamais à craindre que cette folie de fe tuer devienne une maladie épidémique : la nature y a trop bien pourvû. L'efpérance, & la crainte font les refforts puiffans dont elle fe fert pour arrêter prefque toujours la main du malheureux prêt à fe frapper.

On a beau dire qu'il y a eu des Pays où un Confeil étoit établi, pour permettre aux Citoyens de fe tuer, quand ils en avoient des raifons valables ; je réponds, ou que cela n'eft pas vrai, ou que ces Magiftrats avoient très peu d'occupation.

Voici seulement ce qui pourroit nous étonner, & ce qui mérite, je crois, un sérieux examen. Les Anciens Héros Romains se tuoient presque tous, quand ils avoient perdu une Bataille dans les Guerres Civiles : & je ne vois point que ni du tems de la Ligue, ni du temps de la fronde, ni dans les troubles d'Italie, ni dans ceux d'Angleterre, aucun chef ait prit le parti de mourir de sa propre main. Il est vrai que ces Chefs étoient Chrétiens, & qu'il y a bien de la différence entre les principes d'un Guerrier Chrétien & ceux d'un Héros Payen ; cependant pourquoi ces hommes, que le Christianisme retenoit quand ils vouloient se procurer la mort, n'ont-ils été retenus par rien, quand ils ont voulu empoisonner, assassiner ou faire mourir leurs ennemis vaincus sur des échafauts ? la Religion Chrétienne ne défend-elle pas ces homicides-là, encore plus que l'homicide de soi-même ?

Pourquoi donc Caton, Brutus, Cassius, Antoine, Othon, & tant d'autres se sont-ils tués si résolument, & que nos Chefs de parti se sont laissez pendre, ou bien ont laissé languir leur misérable vieillesse dans une prison ? Quelques beaux esprits disent que ces Anciens n'avoient pas le véritable courage, que Caton fit une action de poltron, en se tuant, & qu'il y auroit eu bien plus de grandeur d'ame à ramper sous César. Cela est bon dans une Ode ou dans une figure de Rhétorique.

Il

Il est très sûr que ce n'est pas être sans courage que de se procurer ainsi tranquillement une mort sanglante : qu'il faut quelque force pour surmonter ainsi l'instinct le plus puissant de la nature : Et qu'enfin une telle action prouve de la fureur & non pas de la faiblesse. Quand un malade est en frénésie, il ne faut pas dire qu'il n'a pas de force ; il faut dire que sa force est d'un frénétique.

La Religion Payenne défendoit l'homicide de soi-même, ainsi que la Chrétienne. Il y avoit même des places dans les enfers pour ceux qui s'étoient tués.

Proxima deinde tenent mœsti loca, qui sibi lethum,
Insontes peperere manu, lucemque perosi,
Projecere animas ; quàm vellent æthere in alto,
Nunc & pauperiem & duros perferre labores !
Fata obstant tristique Palus innabilis unda,
Alligat & novies Styx interfusa coercet.

Là sont ces insensés, qui d'un bras téméraire,
Ont cherché dans la mort un secours volontaire,
Qui n'ont pû supporter, faibles & malheureux,
Le fardeau de la vie imposé par les Dieux.
Hélas ils voudroient tous se rendre à la lumiére,
Recommencer cent fois leur pénible carriére :
Ils regrettent la vie, ils pleurent. Et le sort,
Le sort pour les punir les retient dans la mort,
L'abîme du Cocite & l'Acheron terrible,
Met entr'eux & la vie, un obstable invincible.

Telle

Telle étoit la Religion des Payens ; & malgré les peines qu'on alloit chercher dans l'autre monde, c'étoit un honneur de quitter celui-ci & de se tuer, tant les mœurs des hommes sont contradictoires. Parmi nous le duel n'est-il pas encore malheureusement honorable, quoique défendu par la raison, par la Religion & par toutes les Loix ? Si Caton & César, Antoine & Auguste ne se sont pas battus en duel, ce n'est pas qu'ils ne fussent aussi braves que nos Français. Si le Duc de Montmorency, le Maréchal de Marillac, de Thou, S. Mars, & tant d'autres, ont mieux aimé être traînés au dernier supplice, dans une Charette, comme des Voleurs de grand chemin, que de se tuer comme Caton & Brutus, ce n'est pas qu'ils n'eussent autant de courage que les Romains, & qu'ils n'eussent autant de ce qu'on appelle honneur. La véritable raison, c'est que la mode n'étoit pas alors à Paris, de se tuer en pareil cas, & cette mode étoit établie à Rome.

Les femmes de la côte de Malabar se jettent toutes vives sur le bûcher de leur mari. Ont-elles plus de courage que Cornelie ? Non, mais la Coûtume est dans ce Pays-là, que les femmes se brûlent.

Coûtume, Opinion, Reines de notre sort,
Vous réglez des Mortels, & la vie & la mort.

ODES.

ODES.

SUR LE FANATISME.

Charmante & sublime Aspasie,
Amante de la Vérité,
Ta solide Philosophie
T'a prouvé la Divinité.
Tu connais cet Etre suprême ;
Dans ton cœur est sa bonté même ;
Dans ton esprit est sa grandeur :
Tu parais son plus bel ouvrage,
Et tu lui rends un digne hommage,
Exempt de faiblesse & d'erreur.

※※※

Mais si les traits de l'Athéisme
Sont repoussés par ta raison,
De la coupe du Fanatisme
Ta main renverse le poison :
Tu sers la Justice éternelle,
Sans l'acreté de ce faux zéle ;
De tant de Dévots * malfaisans,
Tel qu'un sujet sincere & juste,

Sçait

* Faux devots.

Sçait approcher d'un Trône auguste,
Sans les vices des Courtisans.

Ce Fanatisme Sacrilége
Est sorti du sein des Autels ;
Il les profane, il les assiége ;
Il en écarte les Mortels.
O Religion bienfaisante !
Ce farouche ennemi se vante
D'être né dans ton chaste flanc :
Mere tendre, Mere adorable !
Croira-t-on qu'un Fils si coupable
Ait été formé de ton sang ?

On a vû du moins des Athées,
Sociables dans leurs erreurs,
Leurs opinions infectées ;
N'avoient point corrompu leurs mœurs.
Des Barreaux fut doux, juste & aimable.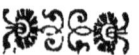
Le Dieu que son esprit coupable
Avoit follement combattu,
Prenant pitié de sa faiblesse,
Lui laissa l'humaine Sagesse,
Et les ombres de la Vertu.

Je

* Il étoit Conseiller au Parlement : Il païa à des Plaideurs les frais de leur Procès, qu'il avoit trop différé de rapporter.

Je sentirois quelque indulgence
Pour un aveugle audacieux,
Qui nîroit l'utile existence
De l'Astre qui brille à mes yeux ;
Ignorer ton Estre suprême,
Grand Dieu ! c'est un moindre blasphême,
Et moins digne de ton courroux,
Que de te croire impitoïable,
De nos malheurs insatiable,
Jaloux, injuste comme nous.

Lorsqu'un mortel atrabilaire,
Nourri de superstition,
A, par cette affreuse chimere,
Corrompu sa Religion :
Son ame alors est endurcie,
Sa raison s'enfuit obscurcie ;
Rien n'a plus sur lui de pouvoir ;
Sa justice est folle & cruelle ;
Il est dénaturé par zéle,
Et sacrilege par devoir.

Ce Senat proscrit dans la France,
Cette infâme Inquisition,
Ce Tribunal où l'ignorance
Traîna si souvent ta raison ;
Cette Troupe folle, inhumaine,
Qui tient le bon sens à la gêne,

Et

Et l'Innocence dans les fers ;
Par son zéle absurde aveuglée
Osa condamner *Galilée*,
Pour avoir connu l'Univers.

Ecoutez ce signal terrible
Qu'on vient de donner dans Paris ;
Regardez ce carnage horrible ;
Entendez ces lugubres cris ;
Le frere est teint du sang du frere ;
Le fils assassine son pere ;
La femme égorge son époux ;
Leurs bras sont armés par des Prêtres.
O Ciel ! Sont-ce là les ancêtres
De ce Peuple léger & doux ?

Janfenistes & Molinistes,
Vous qui combattez aujourd'hui
Avec les Raisons de Sophistes,
Leurs traits, leur bile & leur ennui,
Tremblez qu'enfin votre querelle
Dans vos murs un jour ne rappelle
Ces temps de vertige & d'horreur ;
Craignez ce zéle qui vous presse :
On ne sent pas dans son yvresse
Jusqu'où peut aller sa fureur.

Ode sur le Fanatisme.

Enfans ingrats d'un même pere,
Si vous prétendez le servir,
Si vous aspirez à lui plaire,
Est-ce à force de vous haïr ?
Est-ce en déchirant l'héritage
Qu'un pere, & si tendre, & si sage,
Du haut des Cieux nous a transmis ?
L'Amour étoit votre partage.
Cruels ! auriez-vous plus de rage
Si vous étiez nés ennemis ?

Malheureux, voulez-vous entendre
La Loi de la Religion ?
Dans Marseille il falloit l'apprendre,
Au sein de la contagion ;
Lorsque la tombe étoit ouverte ;
Lorsque la Provence couverte
Par les semences du trépas,
Pleurant ses Villes désolées,
Et ses Campagnes dépeuplées,
Fit trembler tant d'autres Etats.

Belzuns, ce Pasteur vénérable,
Sauvoit son Peuple périssant.
Langeron, Guerrier secourable,
Bravoit un trépas renaissant ;
Tandis que vos lâches Cabales,
Dans la molesse & les scandales,

Occu-

Occupoient votre oisiveté,
De ces disputes furieuses,
Sur des chimeres épineuses
Qu'oublira la postérité.

Pour instruire la Race humaine,
Faut-il perdre l'humanité?
Faut-il le flambeau de la Haine
Pour éclairer la Vérité?
Un ignorant, qui de son frere
Soulage en secret la misere,
Est mon exemple & mon Docteur;
Et l'esprit hautain qui dispute,
Qui condamne, qui persécute,
N'est qu'un détestable imposteur.

ODE,

POUR MESSIEURS DE L'ACADEMIE

DES SCIENCES,

Qui ont été au Cercle Polaire, & sous l'Equateur, déterminer la figure de la Terre.

O Vérité sublime ! O celeste Uranie !
Esprit né de l'Esprit qui forma l'Univers,
Qui mesure des Cieux la carriere infinie,
  Et qui pese les airs.

Tandis que tu conduis sur les gouffres de l'Onde,
Ces Sages, ces Héros, Ministres de tes Loix ;
De l'ardent Equateur, ou du Pole du Monde,
  Entends ma faible voix.

Que font tes vrais enfans, vainqueurs de la Nature ?
Ils arrachent son voile ; & ces rares Esprits
Fixent la pesanteur, la masse & la figure
  De l'Univers surpris.

Les

Les Enfers sont émûs au bruit de leur voiage,
Je vois paraître au jour les ombres des Héros,
De ces Grecs renommés, qu'admira le rivage
    De l'antique Colcos.

Argonautes fameux, Demi-Dieux de la Grece,
Castor, Pollux, Orphée, & vous, heureux Jason,
Vous, de qui la valeur, & l'amour, & l'adresse,
    Ont conquis la Toison.

En voïant les travaux, & l'art de nos Grands Hommes,
Que vous êtes honteux de vos travaux passés!
Votre Siécle est vaincu par le Siécle où nous sommes:
    Venez & rougissez.

Quand la Grece parloit, l'Univers en silence,
Respectoit le Mensonge annobli par sa voix;
Et l'Admiration, fille de l'Ignorance,
    Chanta de vains Exploits.

Heureux qui les premiers marchent dans la carriere:
N'y fassent-ils qu'un pas, leurs noms sont publiés:
Ceux qui, trop tard venus, la franchissent entiere,
    Demeurent oubliés.

Le Menſonge réſide au Temple de Mémoire ;
Ses mains ont tout écrit ; & la poſtérité
N'aura plus déformais de place pour l'Hiſtoire
  Et pour la Vérité.

Uranie, abaiſſez ces triomphes des Fables ;
Effacez tous ces noms qui nous ont abuſés ;
Montrez aux Nations les Héros véritables,
  Que vous ſeule inſtruiſez.

Le Génois qui chercha, qui troüva l'Amérique,
Cortez qui la vainquit par de plus grands travaux,
En voïant des Français l'entrepriſe héroïque,
  Ont prononcé ces mots.

L'ouvrage de nos mains n'avoit point eu d'exemple,
Et par nos deſcendans ne peut être imité :
Ceux à qui l'Univers a fait bâtir des Temples,
  L'avoient moins mérité.

Nous avons fait beaucoup, vous faites davantage :
Notre nom doit céder à l'éclat qui vous ſuit :
Plutus guida nos pas ; dans ce monde ſauvage
  La Vertu vous conduit.

Comme ils parloient ainsi, Newton dans l'Empirée,
Newton les regardoit; & du Ciel entrouvert,
Confirmez, disoit-il, à la Terre éclairée,
   Ce que j'ai découvert.

❊❊❊

Tandis que des Humains le troupeau méprisable,
Sous l'empire des sens, indignement vaincu,
De ses jours indolens traînant le fil coupable,
   Meurt sans avoir vécu :

❊❊❊

Donnez un digne essor à votre ame immortelle;
Eclairez des esprits nés pour la Vérité :
Dieu vous a confié la plus vive étincelle
   De la Divinité.

❊❊❊

De la raison qu'il donne, il aime à voir l'usage;
Et le plus digne objet des regards éternels,
Le plus brillant spectacle est l'ame d'un vrai Sage,
   Instruisant les Mortels.

❊❊❊

Mais, sur tout, écartez ces Serpens détestables,
Ces enfans de l'Envie, & leur soufle odieux;
Qu'ils n'empoisonnent pas ces ames respectables
   Qui s'élèvent aux Cieux.

Laissez

Laissez un vil Zoïle aux fanges du Parnasse,
De ses croassemens importuner le Ciel,
Agir avec bassesse, écrire avec audace,
  Et s'abreuver de fiel.

Imitez ces Esprits, ces fils de la Lumiere,
Confidens du Très-Haut, qui vivent dans son sein,
Qui jettent, comme lui, sur la Nature entiere,
  Un œil pur & serein.

ODE
SUR LA PAIX.

L'Etna renferme le Tonnerre
Dans ses épouvantables flancs ;
Il vomit le feu sur la Terre ;
Il dévore ses Habitans.
Fuïez, Driades gémissantes,
Ces Campagnes toujours brûlantes,
Ces abîmes toujours ouverts,
Ces torrens de flamme & de souphre
Echappés du sein de ce gouffre,
Qui touche aux voûtes des Enfers.

Plus terrible dans ses ravages,
Plus fier dans ses débordemens ;
Le Pô renverse ses rivages
Cachés sous ses flots écumans.
Avec lui marche la Ruine,
L'Effroi, la Douleur, la Famine,
La Mort, les Désolations ;
Et dans les fanges de Ferrare,
Il entraîne à la Mer avare
Les dépouilles des Nations.

Mais ces débordemens de l'Onde,
Et ces combats des Elémens,
Et ces secousses qui du Monde
Ont ébranlé les fondemens,
Fleaux que le Ciel en colere,
Sur ce malheureux Hémisphere,
A fait éclater tant de fois,
Sont moins affreux, sont moins sinistres
Que l'ambition des Ministres,
Et que les discordes des Rois.

Que de Nations fortunées
Reposoient au sein des beaux Arts !
Avant qu'au haut des Pirenées
Tonnât la trompette de Mars.
Des Jeux la Troupe enchanteresse,
Les plaisirs, les chants d'allegresse,
Faisoient retentir nos Palais ;
Et les sons des flûtes champêtres,
Mollement à l'ombre des Hêtres,
Célébroient l'Amour & la Paix.

Paix aimable, éternel partage
Des heureux Habitans des Cieux,
Vous étiez l'unique avantage
Qui pouvoit nous approcher d'eux.
Le Tigre acharné sur sa proie,
Sent d'une impitoiable joie

Son ame horrible s'enflammer.
Notre cœur n'est point né sauvage.
Grands Dieux! Si l'Homme est votre image,
C'est qu'il étoit fait pour aimer.

De l'Inde aux bornes de la France,
Le Soleil, en son vaste tour,
Ne voit qu'une Famille immense
Que devoit gouverner l'Amour.
Mortels, vous êtes tous des freres:
Jettez ces armes mercénaires.
Que cherchez-vous dans les combats?
Quels biens poursuit votre imprudence?
En aurez-vous la joüissance
Dans l'horrible nuit du trépas?

O superbe, ô triste Italie!
Que tu plains ta fécondité!
Sous tes débris ensevelie,
Que tu déplores ta beauté!
Je vois tes moissons dévorées
Par les Nations conjurées,
Qui te flattoient de te venger:
Faible, désolée, expirante,
Tu combas d'une main tremblante,
Pour le choix d'un Maître étranger.

Ode sur la Paix.

Que toujours armés pour la Guerre,
Nos Rois soient les Dieux de la Paix,
Que leurs mains portent le Tonnerre,
Sans se plaire à lancer ses traits.
Nous chérissons un Berger sage,
Qui, dans un heureux paturage,
Unit les troupeaux sous ses Loix.
Malheur au Pasteur sanguinaire,
Qui les expose, en téméraire,
A la dent du Tiran des Bois.

Eh! que m'importe la victoire
D'un Roi qui me perce le flanc,
D'un Roi dont j'achete la gloire
De ma fortune & de mon sang?
Quoi! Dans l'horreur de l'indigence,
Dans les langueurs, dans la souffrance,
Mes jours seront-ils plus sereins,
Quand on m'apprendra que nos Princes,
Aux Frontieres de nos Provinces,
Nagent dans le sang des Germains?

Colbert, toi qui dans ta Patrie
Amenas les Arts & les Jeux:
Colbert, ton heureuse industrie
Sera plus chere à nos neveux,
Que la vigilance inflexible
De *Louvois*, dont la main terrible

Embra-

Embrasoit le Palatinat ;
Et qui, sous la Mer irritée,
De la Hollande épouvantée,
Vouloit anéantir l'Etat.

※※※

Que LOUIS, jusqu'au dernier Age,
Soit honoré du nom de GRAND :
Mais que ce nom s'accorde au Sage,
Qu'on le refuse au Conquérant.
C'est dans la Paix que je l'admire ;
C'est dans la Paix que son Empire
Fleurissoit sous ses justes Loix.
Quand son Peuple aimable & fidele,
Fut des Peuples l'heureux modele,
Et lui le modele des Rois.

※※※

AVERTISSEMENT.

La plûpart des Pieces suivantes ont été imprimées il y a plusieurs années, & particuliérement dans deux Editions de Hollande de 1739. mais pleines de fautes & presque toutes défigurées.

LE MONDAIN.

Regrettera qui veut le bon vieux temps,
Et l'Age d'Or, & le Regne d'Astrée,
Et les beaux jours de Saturne & de Rhée,
Et le Jardin de nos premiers parens.
Moi, je rends grâce à la Nature sage,
Qui pour mon bien m'a fait naître en cet âge,
Tant décrié par nos pauvres Docteurs.
Ce tems profane est tout fait pour mes mœurs:
J'aime le luxe & même la molesse;
Tous les plaisirs, les Arts de toute espece,
La propreté, le goût, les ornemens:
Tout honnête homme a de tels sentimens.
Il est bien doux pour mon cœur très-immonde,
De voir ici l'abondance à la ronde,
Mere des Arts, & des heureux travaux,
Nous apporter de sa source féconde,
Et des besoins & des plaisirs nouveaux.
L'Or de la Terre & les Trésors de l'Onde,
Leurs Habitans & les Peuples de l'air,
Tout sert au Luxe, aux plaisirs de ce monde,
O le bon temps, que le Siécle de Fer!
Le superflu, chose très nécessaire,
A réüni l'un & l'autre hemisphere.
Voyez-vous pas ces agiles Vaisseaux,
Qui du Texel, de Londres, de Bordeaux,
S'en vont chercher par un heureux échange,
De nouveaux biens nés aux sources du Gange;

Tandis

Tandis qu'au loin, vainqueurs des Musulmans,
Nos Vins de France enyvrent les Sultans ?
Quand la Nature étoit dans son enfance,
Nos bons Ayeux vivoient dans l'ignorance,
Ne connaissoient, ni le tien, ni le mien :
Qu'auroient-ils pû connaître ? ils n'avoient rien ;
Ils étoient nuds, & c'est chose très-claire,
Que qui n'a rien, n'a nul partage à faire.
Sobres étoient ; ah ! je le crois encor ;
Martialo * n'est point du Siécle d'Or.
D'un bon vin frais, ou la mousse, ou la séve,
Ne grata point le triste gosier d'Eve.
La soye & l'or ne brilloient point chez eux ;
Admirez-vous pour cela nos ayeux ?
Il leur manquoit l'industrie & l'aisance,
Est-ce vertu ? c'étoit pure ignorance.
Quel idiot, s'il avoit eu pour lors
Quelque bon lit, auroit couché dehors ?
Mon cher Adam, mon gourmand, mon bon pere,
Que faisois-tu dans les Jardins d'Eden ?
Travaillois-tu pour ce sot genre humain ?
Caressois-tu Madame Eve, ma mere ?
Avouez-moi que vous aviez tous deux
Les ongles longs, un peu noirs & crasseux,
La chevelure assez mal ordonnée,
Le teint bruni, la peau bize & tannée.
Sans propreté l'amour le plus heureux,
N'est plus amour, c'est un besoin honteux.
Bien-tôt lassés de leur belle avanture,
Dessous un Chesne ils soûpent galamment,
Avec de l'eau, du millet & du gland ;

* Auteur du Cuisinier Français.

Le repas fait ils dorment fur la dure :
Voilà l'état de la pure nature.

OR, maintenant voulez-vous, mes amis,
Savoir un peu dans nos jours tant maudits,
Soit à Paris, foit dans Londre ou dans Rome,
Quel eft le train des jours d'un honnête homme ?
Entrez chez lui ; la foule des beaux Arts,
Enfans du goût, fe montre à vos regards.
De mille mains l'éclatante induftrie,
De ces dehors orna la fymétrie.
L'heureux pinceau, le fuperbe deffein,
Du doux *Corrége* & du fçavant *Pouffin*,
Sont encadrés dans l'or d'une Bordure :
C'eft *Bouchardon* qui fit cette figure ;
Et cet argent fut poli par *Germain*.
Des Gobelins l'éguille & la Teinture,
Dans ces Tapis furpaffent la Peinture.
Tous ces objets font vingt fois répétés,
Dans des Trumeaux tous brillans de clartés.
De ce Salon, je vois par la fenêtre,
Dans des Jardins, des Myrthes en Berceaux,
Je vois jaillir les bondiffantes eaux ;
Mais du Logis j'entens fortir le maître.
Un Char commode, avec graces orné,
Par deux Chevaux rapidement traîné,
Paroît aux yeux une Maifon roulante,
Moitié dorée & moitié tranfparente :
Nonchalamment je l'y vois promené :
De deux refforts la liante foupleffe,
Sur le pavé le porte avec moleffe :

Le Mondain.

Il court au Bain : les parfums les plus doux
Rendent sa peau plus fraîche & plus polie;
Le plaisir presse, il vole au rendez-vous,
Chez *Camargot*, chez *Gossin*, chez *Julie*;
Il est comblé d'amour & de faveurs;
Il faut se rendre à ce Palais magique,
Où les beaux Vers, la Danse, la Musique,
L'art de tromper les yeux par les couleurs,
L'art plus heureux de séduire les cœurs,
De cent plaisirs font un plaisir unique.
Il va siffler quelque Opera nouveau,
Ou malgré lui court admirer *Rameau*.
Allons soûper : que ces brillans services,
Que ces ragoûts ont pour moi de délices!
Qu'un Cuisinier est un mortel divin,
Cloris, Æglé me versent de leur main,
D'un Vin Daï, dont la mousse pressée,
De la bouteille avec force élancée,
Comme un éclair fait voler son bouchon;
Il part, on rit, il frappe le plafond.
De ce Vin frais l'écume pétillante,
De nos Français est l'image brillante.
Le lendemain donne d'autres désirs,
D'autres soûpirs, & de nouveaux plaisirs.
Or maintenant *Mentor* & *Telemaque*,
Vantez-nous bien votre petite Itaque,
Votre Salente & vos murs malheureux,
Où vos Crétois, tristement vertueux,
Pauvres d'effet, & riches d'abstinence,
Manquent de tout, pour avoir l'abondance.
J'admire fort votre style flateur,
Et votre Prose, encor qu'un peu traînante;
Mais mon ami, je consens de grand cœur,

D'être

D'être fêflé dans vos murs de Salénte,
Si je vais là pour chercher mon bonheur.
Et vous, Jardin de ce premier bon-homme,
Jardin fameux, par le Diable, & la Pomme,
C'est bien en vain que tristement séduits,
Huet, *Calmet*, dans leur savante audace,
Du Paradis ont recherché la place :
Le Paradis Terrestre est où je suis.

LETTRE de M. Melon, ci-devant Sécrétaire du Régent, à Madame de Veruë, fur le Mondain.

J'Ai lû, Madame, l'ingénieufe Apologie du Luxe. Je regarde cet ouvrage comme une excellente leçon de politique, cachée fous un badinage agréable. Je me flatte d'avoir démontré dans mon effai politique fur le Commerce, combien ce goût des beaux Arts & cet emploi des Richeffes, cette ame d'un grand Etat, qu'on nomme Luxe, font néceffaires pour la circulation de l'efpece & pour le maintien de l'induftrie ; je vous regarde, Madame, comme un des grands exemples de cette vérité. Combien de Familles de Paris fubfiftent uniquement par la protection que vous donnez aux Arts. Que l'on ceffe d'aimer les Tableaux, les Eftampes, les Curiofités en tous genres : voilà vingt mille Hommes au moins ruinés tout d'un coup, dans Paris, & qui font forcés d'aller chercher de l'emploi chez l'Etranger. Il eft bon que dans un Canton Suiffe, on faffe des Loix fomptuaires, par la raifon qu'il ne faut pas qu'un Pauvre vive comme un Riche. Quand les Hollandais ont commencé leur Commerce, ils avoient befoin d'une extrême frugalité ; mais à préfent que c'eft la Nation de l'Europe qui a le plus d'argent, elle a befoin du Luxe, &c.

H DEF-

DEFFENSE DU MONDAIN,

OU

L'APOLOGIE DU LUXE.

A Table hier par un triste hasard,
J'étois assis près d'un maître caffard,
Lequel me dit : Vous avez bien la mine,
D'aller un jour échauffer la Cuisine
De Lucifer ; & moi, predestiné,
Je rirai bien quand vous serez damné.
Damné ! Comment ? Pourquoi ? Pour vos folies.
Vous avez dit en vos œuvres non pies,
Dans certain conte en rimes barbouillé,
Qu'au Paradis, Adam étoit mouillé,
Lorsqu'il pleuvoit sur notre premier Pere,
Qu'Eve avec lui buvoit de belle eau claire :
Qu'ils avoient même avant d'être déchûs,
La peau tannée & les ongles crochus.
Vous avancez dans votre folle ivresse,
Prêchant le Luxe, & vantant la molesse,
Qu'il vaut bien mieux, ô blasphêmes maudits !
Vivre à présent, qu'avoir vécu jadis.
Parquoi mon fils, votre Muse polluë,
Sera rôtie, & c'est chose concluë.

DISANT ces mots, son gosier altéré,
Humoit un Vin qui d'ambre coloré,

Sentoit

Sentoit encor la grappe parfumée,
Dont fut pour nous la liqueur exprimée;
Mille rubis éclatoient sur son teint;
Lors je lui dis: Pour Dieu, Monsieur le Saint,
Quel est ce Vin ? D'où vient-il, je vous prie ?
D'où l'avez vous ? Il vient de Canarie:
C'est un Nectar, un breuvage d'élû;
Dieu nous le donne, & Dieu veut qu'il soit bû.
Et ce Caffé, dont, après cinq services,
Votre estomac goûte encor les délices?
Par le Seigneur il me fut destiné,
Bon. Mais avant que Dieu vous l'ait donné,
Ne faut-il pas que l'humaine industrie,
L'aille ravir aux Champs de l'Arabie ?
La Porcelaine & la frêle Beauté,
De cet émail à la Chine empâté,
Par mille mains pour vous fut préparée,
Cuite, recuite & peinte & Diaprée:
Cet argent fin, cizelé, gaudronné,
En Plat, en Vase, en Soûcoupe tourné,
Fut arraché de la terre profonde,
Dans le Potose, au sein d'un nouveau monde;
Tout l'Univers a travaillé pour vous,
Afin qu'en paix dans votre heureux courroux,
Vous insultiez, pieux atrabilaire,
Au monde entier épuisé pour vous plaire.

O faux Dévot, véritable Mondain,
Connaissez-vous: & dans votre Prochain
Ne blâmez plus ce que votre indolence,
Souffre chez vous avec tant d'indulgence.

Sçachez surtout que le Luxe enrichit
Un grand Etat, s'il en perd un petit.
Cette splendeur, cette pompe mondaine,
D'un regne heureux est la marque certaine.
Le Riche est né pour beaucoup dépenser,
Le Pauvre est fait pour beaucoup amasser.
Dans ces Jardins regardez ces Cascades,
L'étonnement & l'Amour des Nayades;
Voyez ces flots, dont les nappes d'argent,
Vont inonder ce marbre blanchissant;
Les humbles Prez s'abreuvent de cette onde;
La terre en est plus belle & plus féconde;
Mais de ces eaux si la source tarit,
L'herbe est séchée & la fleur se flétrit.
Ainsi l'on voit en Angleterre, en France,
Par cent canaux, circuler l'abondance:
Le goût du Luxe entre dans tous les rangs;
Le Pauvre y vit des vanités des Grands;
Et le travail gagé par la molesse,
S'ouvre à pas lents la route à la richesse.
J'entends d'ici des Pédans à rabats,
Tristes Censeurs des plaisirs qu'ils n'ont pas,
Qui me citant *Denis d'Halicarnasse*,
Dion, *Plutarque*, & même un peu d'*Horace*,
Vont criaillant qu'un certain Curius,
Cincinnatus & des Consuls en Us,
Béchoient la terre au milieu des allarmes,
Qu'ils manioient la Charruë & les Armes;
Et que les Bleds tenoient à grand honneur,
D'être semés par la main d'un Vainqueur.
C'est fort bien dit, mes maîtres: je veux croire,
Des vieux Romains la chimérique Histoire.

Mais,

Mais, dites-moi, si les Dieux par hasard,
Faisoient combattre Auteuil & Vaugirard,
Faudroit-il pas au retour de la Guerre,
Que le Vainqueur vînt labourer sa Terre?
L'Auguste Rome, avec tout son orgueil,
Rome jadis, étoit ce qu'est Auteuil,
Quand ces Enfans de Mars & de Silvie,
Pour quelques Prez signalant leur furie,
De leur Village alloient au champ de Mars,
Ils arboroient du Foin * pour étendars:
Leur Jupiter au temps du bon Roi Tulle,
Etoit de Bois, il fut d'or sous Luculle.
N'allez donc pas, avec simplicité,
Nommer vertu ce qui fut pauvreté.

Oh, que *Colbert* étoit un esprit sage!
Certain Butor conseilloit par menage,
Qu'on abolît ces Travaux précieux,
Des Lyonnois ouvrage industrieux;
Du Conseiller l'absurde prudhommie,
Eut tout perdu par pure œconomie:
Mais le Ministre, utile avec éclat,
Sut par le Luxe enrichir nôtre Etat.
De tous nos Arts il agrandit la source;
Et du Midy, du Levant & de l'Ourse,
Nos fiers voisins de nos progrès jaloux,
Payoient l'esprit qu'ils admiroient en nous.
Je veux ici vous parler d'un autre homme,
Tel que n'en vit Paris, Pequin, ni Rome;
C'est Salomon, ce sage fortuné,
Roi Philosophe, & Platon couronné,

* Une poignée de Foin au bout d'un bâton, nommé *Manipulus*, étoit le premier étendart des Romains.

Qui connut tout, du cédre jufqu'à l'herbe;
Vit-on jamais un Luxe plus fuperbe?
Il faifoit naître au gré de fes defirs,
L'argent & l'or, mais furtout les plaifirs.
Mille beautés fervoient à fon ufage,
Mille? on le dit, c'eft beaucoup pour un Sage;
Qu'on m'en donne une, & c'eft affez pour moi,
Qui n'ai l'honneur d'être Sage ni Roi.

PARLANT ainfi, je vis que les convives,
Aimoient affez mes Peintures naïves:
Mon doux Béat très-peu me répondoit,
Rioit beaucoup, & beaucoup plus bûvoit.
Et tout chacun préfent à cette Fête,
Fit fon profit de mon difcours honnête.

EPITRE

EPITRE
SUR LA CALOMNIE.

Ecoutez-moi, respectable Emilie,
Vous êtes belle, ainsi donc la moitié
Du Genre Humain sera votre ennemie :
Vous possedez un sublime génie,
On vous craindra : votre tendre amitié
Est confiante, & vous serez trahie.
Votre vertu dans sa démarche unie,
Simple, & sans fard, n'a point sacrifié
A nos Dévots, craignés la calomnie.
Attendez-vous, s'il vous plaît, dans la vie,
Aux traits malins, que tout Fat à la Cour,
Par passe-tems, souffre, & rend tour à tour.
La Médisance est la fille immortelle
De l'Amour propre, & de l'Oisiveté;
Ce monstre aîlé paraît mâle & femelle,
Toujours parlant, & toujours écouté;
Amusement & fleau de ce monde,
Elle y préside, & sa vertu féconde,
Du plus stupide échaufe les propos:
Rebut du Sage, elle est l'esprit des Sots.
En ricanant, cette maigre Furie
Va de sa langue épandre les venins
Sur tous états : mais trois sortes d'humains,

Plus que le reste alimens de l'Envie,
Sont exposés à sa dent de harpie;
Les Beaux-Esprits, les Belles, & les Grands,
Sont de ses traits les objets différents.
Quiconque en France, avec éclat attire
L'œil du Public, est sûr de la Satire.
Un bon couplet, chez ce Peuple falot,
De tout mérite est l'infaillible lot.

La jeune Æglé de pompons couronnée,
Devant un Prêtre à minuit amenée,
Va dire un *oui*, d'un air tout ingénu,
A son mari qu'elle n'a jamais vû;
Le lendemain, en triomphe on la mene
Au Cours, au Bal, chez Bourbon, chez la Reine,
Le lendemain, sans trop savoir comment,
Dans tout Paris, on lui donne un Amant.
Roy la chansonne, & son nom, par la Ville,
Court ajusté sur l'air d'un Vaudeville:
Æglé s'en meurt: ses cris sont superflus;
Consolez-vous, Æglé, d'un tel outrage,
Vous pleurerez, hélas! bien davantage,
Lorsque de vous on ne parlera plus.
Et nommez-moi la Beauté, je vous prie,
De qui l'honneur fût toujours à couvert.
Lisez-moi Bayle, à l'Article Schomberg,

. . . .

Vous y verrez à quel point la Satire,
Sçut en tout tems gâter tous les esprits;
La Terre entière est, dit-on, son Empire;
Mais croyez-moi, son Trône est à Paris.

Là,

Là, tous les soirs, la troupe vagabonde,
D'un Peuple oisif appellé le beau monde,
Va promener, de réduit en réduit,
L'inquiétude, & l'ennui qui le suit.
Là sont en foule, antiques Mijaurées,
Jeunes Oisons, & Bégueules titrées,
Disant des riens, d'un ton de Perroquet,
Lorgnant des Sots, & trichant au piquet.
Blondins y sont, beaucoup plus femmes qu'elles,
Profondément remplis de bagatelles,
D'un air hautain, d'une bruyante voix,
Chantant, dansant, minaudant à la fois.
Si par hazard quelque personne honnête,
D'un sens plus droit, & d'un goût plus heureux,
Des bons Ecrits ayant meublé sa tête,
Leur fait l'afront de penser à leurs yeux;
Tout aussi-tôt leur brillante Cohue,
D'étonnement & de colére émue,
Bruyant essain de Frélons envieux,
Pique & poursuit cette Abeille charmante,
Qui leur aporte, hélas! trop imprudente,
Ce miel si pur, & si peu fait pour eux.

QUANT aux Héros, aux Princes, aux Ministres,
Sujets usés de nos discours sinistres:
Qu'on m'en nomme un dans Rome & dans Paris,
Depuis César jusqu'au jeune LOUIS:
De *Richelieu* jusqu'à l'Ami d'Auguste,
Dont un Pasquin n'ait barbouillé le buste.
Ce grand *Colbert*, dont les soins vigilans,
Nous avoient plus enrichis en dix ans,

Que

Que les Mignons, les Catins & les *Traîtres*,
N'ont en mille ans apauvri nos Ancêtres:
Cet homme unique, & l'auteur, & l'apui
D'une grandeur où nous n'osions prétendre,
Vit tout l'Etat murmurer contre lui ;
Et le Français osa troubler * la cendre,
Du Bienfaiteur qu'il revere aujourd'hui.

Lorsque LOUIS, qui d'un esprit si ferme
Brava la mort comme ses Ennemis,
De ses grandeurs ayant subi le terme,
Vers sa Chapelle, alloit à Saint Denis;
J'ai vu son Peuple, aux nouveautés en proye,
Ivre de vin, de folie, & de joye,
De cent couplets égayant le Convoi,
Jusqu'au tombeau maudire encor son Roi.

Vous avez tous connu, comme je pense,
Ce bon Régent, qui gâta tout en France:
Il étoit né pour la Société,
Pour les Beaux Arts, & pour la volupté:
Grand, mais facile, ingénieux, affable,
Peu scrupuleux, mais de crime incapable:
Et cependant, ô mensonge! ô noirceur!
Nous avons vû la Ville & les Provinces,
Au plus aimable, au plus clément des Princes,
Donner les noms..... Quelle absurde fureur!
Chacun les lit, ces Archives d'horreur,
Ces Vers impurs, appellés Philippiques, **
De l'Imposture éternelles Chroniques!

Et

---

* Le Peuple voulut déterrer Mr. Colbert, à St. Eustache.
** Libelle diffamatoire en vers, contre Monsieur le Duc d'Orléans.

Et nul Français n'est assez généreux,
Pour s'élever, pour déposer contre eux.

QUE le Mensonge un instant vous outrage,
Tout est en feu soudain pour l'appuyer :
La Vérité perce enfin le nuage,
Tout est de glace à vous justifier.

MAIS voulez-vous, après ce grand Exemple,
Baisser les yeux sur de moindres Objets ?
Des Souverains descendons aux Sujets :
Des Beaux-Esprits, ouvrons ici le Temple,
Temple, autrefois l'objet de mes souhaits,
Que de si loin, Monsieur *Bardus* contemple,
Et que *Damis* ne visita jamais.
Entrons : d'abord on voit la Jalousie,
Du Dieu des Vers la fille & l'ennemie,
Qui sous les traits de l'Emulation,
Soufle l'orgueil, & porte sa furie
Chez tous ces fous Courtisans d'Apollon.
Voiez leur troupe inquiéte, affamée,
Se déchirant, pour un peu de fumée,
Et l'un sur l'autre épanchant plus de fiel,
Que l'implacable & mordant Janséniste
N'en a lancé sur le fin Moliniste,
Ou que *Doucin*, cet adroit Casuiste,
N'en a versé dessus *Pasquier Quesnel*.

CE vieux Rimeur couvert d'ignominies,
Organe impur de tant de calomnies,
Cet ennemi du Public outragé,
Puni sans cesse, & jamais corrigé :

Ce vil *Rufus*, que jadis votre pere,
A par pitié tiré de la misere,
Et qui, bien-tôt, Serpent envenimé,
Piqua le sein qui l'avoit ranimé :
Lui, qui mêlant la rage à l'imprudence,
Devant Themis, accusa l'Innocence.
L'affreux *Rufus* ! loin de cacher en paix,
Des jours tissus de honte & de forfaits,
Vient rallumer, aux marais de Bruxelles,
D'un feu mourant les pâles étincelles :
Et contre moi croit rejetter l'afront
De l'infamie, écrite sur son front.
Et que feront tous les traits satiriques,
Que d'un bras faible, il décoche aujourd'hui,
Et ces ramas de larcins Marotiques,
Moitié Français & moitié Germaniques,
Pétris d'erreurs, & de haine, & d'ennui ?
Quel est le but, l'effet, la récompense
De ces recueils d'impure médisance ?
Le Malheureux, délaissé des Humains,
Meurt des poisons qu'ont préparé ses mains.
Ne craignons rien de qui cherche à médire.
En vain *Boileau*, dans ses sévérités,
A de *Quinaut* dénigré les beautés.
L'heureux *Quinaut*, vainqueur de la Satire,
Rit de sa haine & marche à ses côtés.
Moi-même, enfin, qu'une cabale inique
Voulut noircir de son souffle caustique,
Je sais jouir, en dépit des Cagots,
De quelque gloire, & même du repos.

De tout ceci que faudra-t-il conclure?
O vous Français, nés tous pour la censure,
Doux & polis, mais malins & jaloux,
Peuple charmant faut-il donc voir chez vous,
Tant d'agrémens, & si peu d'indulgence?
Belle Emilie, ornement de la France,
Vous connaissez ce dangereux païs,
Nous y vivons parmis nos ennemis ;
Au milieu d'eux, brillez en assûrance,
A tous vos goûts prêtez-vous prudemment,
A vos vertus livrez-vous hautement,
Vous forcerez la Censure au silence.

LE TEMPLE
DE L'AMITIÉ.

AU fond d'un Bois, à la Paix confacré,
Séjour heureux, de la Cour ignoré,
S'éleve un Temple où l'Art & fes preſtiges
N'étalent point l'orgueil de leurs prodiges;
Où rien ne trompe & n'éblouit les yeux;
Où tout eſt vrai, ſimple, & fait pour les Dieux.

De bons Gaulois de leurs mains le fondérent,
A l'Amitié leurs cœurs le dédiérent.
Las! ils penſoient dans leur crédulité,
Que par leur race il feroit fréquenté.
En vieux langage, on voit fur la façade
Les noms facrés d'Oreſte & de Pilade,
Le médaillon du bon Pirritoüs,
Du fage Acate, & du tendre Niſus,
Tous grands Héros, tous amis véritables:
Ces noms font beaux, mais ils font dans les Fables.
La Déité de ce petit féjour,
Reine fans faſte, & femme fans intrigue,
Divinité fans Prêtres & fans brigue,
Eſt peu fêtée au milieu de fa Cour.

A fes côtés fa fidele interprete,
La Vérité charitable & difcrette,
Toujours utile à qui veut l'écouter,
Attend en vain qu'on l'oſe confulter:

Nul

Nul ne l'approche, & chacun la regrette.
Par contenance un livre est dans ses mains,
Où sont écrits les bienfaits des humains ;
Doux monumens d'estime & de tendresse,
Donnés sans faste, acceptés sans bassesse,
Du bienfaicteur noblement oubliés,
Par son ami sans regret publiés.
C'est des Vertus l'histoire la plus pure :
L'histoire est courte, & le livre est réduit
A deux feuillets de gotique écriture,
Qu'on n'entend plus, & que le temps détruit.

Or, des Humains quelle est donc la manie ?
Toute amitié de leurs cœurs est bannie ;
Et cependant on les entend toujours
De ce beau nom décorer leur discours.
Ses ennemis ne jurent que par elle ;
En la fuiant chacun s'y dit fidele :
Froid par dégoût, amant par vanité,
Chacun prétend en être bien traité.

De leurs propos la Déesse en colere,
Voulut enfin que ses mignons chéris,
Si contens d'elle, & si sûrs de lui plaire,
Vinssent la voir en son sacré pourpris ;
Fixa le jour, & promit un beau prix,
Pour chaque couple, au cœur noble, sincere,
Tendre comme elle, & digne d'être admis,
S'il se pouvoit, au rang des vrais amis.

Au jour nommé, viennent, d'un vol rapide,
Tous nos Français, que la nouveauté guide ;

Un

Un Peuple immense inonde le Parvis:
Le Temple s'ouvre: on vit d'abord paraître
Deux Courtisans par l'intérêt unis;
Par l'Amitié tous deux ils croioient l'être.
Vint un Courrier qui dit, qu'auprès du Maître
Vaquoit alors un beau poste d'honneur,
Un noble emploi de Valet Grand Seigneur.
Nos deux amis poliment se quittérent,
Déesse, & Prix, & Temple abandonnérent.
Chacun des deux en son ame jurant
D'anéantir son très-cher concurrent.

QUATRE Dévots, à la mine discrette,
Dos en arcade, & Missel à la main,
Unis en Dieu de charité parfaite,
Et tout brûlans de l'amour du prochain,
Psalmodioient, & bâilloient en chemin;
L'un riche Abbé, Prélat à l'œil lubrique,
Au menton triple, au col apoplectique,
Porc engraissé des dixmes de Sion,
Oppressé fut d'une indigestion:
On confessa mon vieux ladre au plus vîte;
D'huile il fut oint, aspergé d'eau bénite,
Dûment lesté par le Curé du lieu,
Pour son voïage au païs du bon Dieu;
Ses trois amis gaiement lui marmotérent
Un *Oremus*; en leur cœur dévorérent
Son bénéfice, & vers la Cour trotérent.
Puis chacun d'eux, dévotement rival,
En se jurant fraternité sincére,
Les yeux baissés, va chez le Cardinal
De Jansénisme accuser son confrere.

Guais

Gais & brillans, après un long repas,
Deux jeunes gens se tenant sous les bras,
Lisant tout haut des lettres de leurs Belles,
Leur amitié, leur figure étaloient,
En détonnant quelques chansons nouvelles ;
Ainsi qu'au Bal, à l'Autel ils alloient :
Nos étourdis pour rien s'y querellerent,
De l'Amitié l'Autel ensanglanterent ;
Et le moins fou laissa, tout éperdu,
Son tendre ami sur la place étendu.

Plus loin, venoient, d'un air de complaisance,
Lise & Cloé, qui, dès leur tendre enfance,
Se confioient leurs plaisirs, leurs humeurs,
Et tous ces riens qui remplissent les cœurs ;
Se caressant, se parlant sans rien dire,
Et, sans sujet, toujours prêtes à rire :
Mais toutes deux avoient le même Amant :
A son nom seul, ô merveille soudaine !
Lise & Cloé prirent tout doucement
Le grand chemin du Temple de la Haine.

Enfin *Zaïre* y parut à son tour,
Avec ces yeux où languit la molesse,
Où le Plaisir brille avec la Tendresse.
Ah! que d'ennui, dit-elle, en ce séjour !
Que fait ici cette triste Déesse ?
Tout y languit ; je n'y vois point l'Amour.
Elle sortit, vingt rivaux la suivirent,
Sur le chemin vingt Beautés en gémirent ;
Dieu sait alors où ma *Zaïre* alla.
De l'Amitié le prix fut laissé là ;

Et la Déesse en tout lieu célébrée,
Jamais connue & toujours desirée,
Gela de froid sur ses sacrés Autels :
J'en suis fâché pour les pauvres Mortels.

ENVOI.

Mon cœur, ami charmant & sage,
Au vôtre n'étoit point lié,
Lorsque j'ai dit qu'à l'Amitié
Nul Mortel ne rendoit hommage.
Elle a maintenant à sa cour
Deux cœurs dignes du premier âge.
Hélas ! Le véritable Amour
En a-t-il beaucoup davantage ?

L'ANTI-GITON.

O Du Théatre aimable Souveraine !
Belle *Cloé*, fille de *Melpomene* !
Puiſſent ces vers de vous être goûtés !
Amour le veut, Amour les a dictés.
Ce petit Dieu, de ſon aile légere,
Un arc en main, parcouroit l'autre jour
Tous les recoins de votre Sanctuaire ;
Car le Théatre appartient à l'Amour :
Tous ſes Héros ſont enfans de Cithére.
Hélas, Amour ! que tu fus conſterné,
Lorſque tu vis ce Temple profané,
Et ton Rival, de ſon culte hérétique,
Etabliſſant l'uſage antiphiſique,
Accompagné de ſes Mignons fleuris,
Fouler aux piéds les myrthes de Cypris !

Cet ennemi, jadis, eut dans Gomore
Plus d'un Autel, & les auroit encore,
Si, par le feu ſon Païs conſumé,
En Lac un jour n'eût été transformé ;
Ce conte n'eſt de la Métamorphoſe :
Car gens de bien m'ont expliqué la choſe
Très-doctement, & partant ne veux pas
Mécroire en rien la vérité du cas.
Ainſi que Loth, chaſſé de ſon azile,
Ce pauvre Dieu courut de Ville en Ville ;
Il vint en Grece ; il y donna leçon

Plus d'une fois à *Socrate*, à *Platon*;
Chez des Héros il fit sa résidence,
Tantôt à Rome, & tantôt à Florence;
Cherchant toujours, si bien vous l'observez,
Peuples polis, & par art cultivés.
Maintenant donc le voici dans Lutece,
Séjour fameux des effrénés desirs,
Et qui vaut bien l'Italie & la Grece,
Quoiqu'on en dise, au moins pour les plaisirs.
Là, pour tenter notre faible nature,
Ce Dieu paraît sous humaine figure,
Et si n'a pris Bourdon de Pellerin,
Comme autrefois l'a pratiqué Jupin,
Quand, voïageant au Païs où nous sommes,
Quittoit les Cieux pour éprouver les hommes;
Il n'a point l'air de ce pesant Abbé,
Brutalement dans le vice absorbé,
Qui, tourmentant en tout sens son espéce,
Mord son Prochain, & corrompt la Jeunesse;
Lui, dont l'œil louche, & le muffle effronté,
Font frissonner la tendre volupté;
Et qu'on prendroit, dans ses fureurs étranges,
Pour un Démon qui viole des Anges.
Ce Dieu sçait trop, qu'en un Pedant crasseux,
Le plaisir même est un objet hideux.

D'un beau Marquis il a pris le visage,
Le doux maintien, l'air fin, l'adroit langage;
Trente Mignons le suivent en riant;
Philis le lorgne, & soupire en fuïant.
Ce faux Amour se pavane à toute heure,
Sur le Théatre aux Muses destiné,

Où par *Racine* en triomphe amené,
L'Amour galant choisissoit sa demeure.
Que dis-je? Hélas! l'Amour n'habite plus
Dans ce réduit. Desespéré, confus
Des fiers succès du Dieu qu'on lui préfere,
L'Amour honnête est allé chez sa mere,
D'où rarement il descend ici bas.
Belle *Cloé*, ce n'est que sur vos pas
Qu'il vient encor : *Cloé*, pour vous entendre,
Du haut des Cieux j'ai vû ce Dieu descendre.
Sur le Théatre il vole parmi nous,
Quand, sous le nom de *Phédre* ou de *Monime*,
Vous partagez entre *Racine* & vous
De notre encens le tribut légitime :
Que si voulez que cet enfant jaloux,
De ces beaux lieux désormais ne s'envole,
Convertissons ceux, qui devant l'idole
De son Rival ont fléchi les genoux :
Il vous créa la Prêtresse du Temple ;
A l'Hérétique il faut prêcher d'exemple :
Vous viendrez donc avec moi dès ce jour,
Sacrifier au véritable Amour.

LE CADENAT.

JE triomphois, l'Amour étoit le maître,
Et je touchois à ces momens trop courts
De mon bonheur & du vôtre peut-être ;
Mais un Tiran veut troubler nos beaux jours ;
C'eſt votre époux. Geolier ſexagénaire,
Il a fermé le libre Sanctuaire
De vos appas ; & trompant nos deſirs,
Il tient la clef du ſéjour des plaiſirs :
Pour éclaircir ce douloureux miſtere,
D'un peu plus haut reprenons cette affaire.

 Vous connaiſſez la Déeſſe *Cerès* :
Or, en ſon temps *Cerès* eut une fille,
Semblable à vous, à vos ſcrupules près,
Brune, piquante, honneur de ſa famille,
Tendre ſur tout, & menant à ſa cour
L'aveugle enfant, que l'on appelle Amour.
Un autre aveugle, hélas ! bien moins aimable,
Le triſte Hymen traita comme vous :
Le vieux *Pluton*, riche autant qu'haïſſable,
Dans les Enfers, fut ſon indigne époux :
Il étoit Dieu, mais avare & jaloux ;
Il fut cocu, car c'étoit la juſtice.
Pirrithoüs, ſon fortuné rival,
Beau, jeune, adroit, complaiſant, libéral,
Au Dieu *Pluton* donna le bénéfice
De Cocuage : Or ne demandez pas

Comment

Le Cadenat.

Comment un homme, avant sa derniere heure,
Put pénétrer dans la sombre demeure.
Cet homme aimoit, l'Amour guida ses pas :
Mais aux Enfers, comme aux lieux où vous êtes,
Voïez qu'il est peu d'intrigues secrettes.
De sa chaudiere, un traître d'Espion
Vit le grand cas, & dit tout à *Pluton* ;
Il ajouta, que même à la sourdine,
Plus d'un Damné festoyoit *Proserpine*.
Le Dieu cornu, dans son noir Tribunal,
Fit convoquer son Sénat infernal ;
Il assembla les détestables ames
De tous ses Saints dévolus aux Enfers,
Qui, dès long-temps en Cocuage expers,
Pendant leur vie ont tourmenté leurs femmes.
Un Florentin lui dit : Frere & Seigneur,
Pour détourner la maligne influence
Dont votre Altesse a fait l'expérience,
Tuer sa Dame est toujours le meilleur.
Mais, las, Seigneur ! la vôtre est immortelle :
Je voudrois donc, pour votre sûreté,
Qu'un Cadenat de structure nouvelle,
Fût le garant de sa fidélité :
A la Vertu par la Force asservie,
Lors vos plaisirs borneront son envie ;
Plus ne sera d'Amant favorisé ;
Et plût aux Dieux, que quand j'étois en vie,
D'un tel secret je me fusse avisé !
A ces discours les Damnés applaudirent,
Et sur l'airain les Parques l'écrivirent.
En un moment, Feux, Enclumes, Fourneaux,
Sont préparés aux gouffres infernaux.

Tisiphoné, de ces lieux Serrurière,
Au Cadenat met la main la première :
Elle l'acheve, & des mains de *Pluton*
Proserpina reçut ce triste don.
On m'a conté, qu'essaiant son ouvrage,
Le cruel Dieu fut émû de pitié ;
Qu'avec tendresse il dit à sa Moitié :
Que je vous plains ! Vous allez être sage.

Or, ce secret, aux Enfers inventé,
Chez les Humains tôt après fut porté ;
Et depuis ce, dans Venise & dans Rome,
Il n'est Pedant, Bourgeois, ni Gentilhomme,
Qui pour garder l'honneur de sa maison,
De Cadenas n'ait sa provision.
Là, tout jaloux, sans craindre qu'on le blâme,
Tient sous la clef la vertu de sa femme :
Or votre époux dans Rome a fréquenté ;
Chez les méchans on se gâte sans peine ;
Et ce galant vit fort à la Romaine :
Mais son trésor est-il en sureté ?
A ses projets l'Amour sera funeste :
Ce Dieu charmant sera notre vengeur ;
Car vous m'aimez ; & quand on a le cœur
De femme honnête, on a bien-tôt le reste.

A MADAME

A MADAME
LA MARQUISE
DU CHASTELLET.

Sur la Phifique de Neuton.

TU m'appelles à toi, vaſte & puiſſant Génie,
Minerve de la France, immortelle Emilie,
Diſciple de *Neuton* & de la Vérité,
Tu pénétres mes ſens des feux de ta clarté;
Je quitte *Melpomene* & les jeux de Théatre,
Ces combats, ces lauriers dont je fus idolâtre:
De ces triomphes vains mon cœur n'eſt plus touché.
Que le jaloux *Rufus*, à la terre attaché,
Traîne au bord du tombeau la fureur inſenſée,
D'enfermer dans un vers une fauſſe penſée;
Qu'il arme contre moi ſes languiſſantes mains,
Des traits qu'il deſtinoit au reſte des Humains.
Que quatre fois par mois un ignorant Zoïle
Eléve, en frémiſſant, une voix imbécile.
Je n'entends point leurs cris que la Haine a formés;
Je ne vois pas leurs pas dans la fange imprimés.
Le charme tout-puiſſant de la Philoſophie,
Eléve un eſprit ſage au-deſſus de l'Envie.
Tranquille au haut des Cieux que *Neuton* s'eſt ſoûmis,
Il ignore en effet s'il a des ennemis:
Je ne les connais plus. Déja de la carriere

L'augufte

L'augufte Vérité vient m'ouvrir la barriere :
Déja ces tourbillons, l'un par l'autre preffés,
Se mouvant fans efpace, & fans regle entaffés,
Ces fantômes favans à mes yeux difparaiffent.
Un jour plus pur me luit : les mouvemens renaiffent,
L'efpace, qui de Dieu contient l'immenfité,
Voit rouler dans fon fein l'Univers limité,
Cet Univers fi vafte à notre faible vûe,
Et qui n'eft qu'un atôme, un point dans l'étendue.

 Dieu parle, & le cahos fe diffipe à fa voix :
Vers un centre commun tout gravite à la fois :
Ce reffort fi puiffant, l'ame de la Nature,
Etoit enfeveli dans une nuit obfcure :
Le compas de *Neuton* mefurant l'Univers,
Leve enfin ce grand voile, & les Cieux font ouverts.

 Il dévoile à mes yeux, par une main favante,
De l'Aftre des Saifons la robe étincelante :
L'Emeraude, l'Azur, le Pourpre, le Rubis,
Sont l'immortel tiffu dont brillent fes habits.
Chacun de fes raïons dans fa fubftance pure,
Porte en foi les couleurs dont fe peint la Nature ;
Et confondus enfemble, ils éclairent nos yeux,
Ils animent le monde, ils empliffent les Cieux.

 Confidens du Très-haut, Subftances éternelles,
Qui brûlez de fes feux, qui couvrez de vos aîles
Le Trône où votre Maître eft affis parmi vous,
Parlez ; du grand *Neuton* n'étiez-vous point jaloux ?

 La Mer entend fa voix. Je vois l'humide Empire,
S'élever, s'avancer vers le Ciel qui l'attire ;

Mais

Mais un pouvoir central arrête ſes efforts ;
La Mer tombe, s'affaiſſe, & roule vers ſes bords.

Cometes que l'on craint à l'égal du Tonnerre,
Ceſſez d'épouvanter les Peuples de la Terre ;
Dans une ellipſe immenſe achevez votre cours ;
Remontez, deſcendez près de l'Aſtre des jours ;
Lancez vos feux, volez ; & revenant ſans ceſſe,
Des Mondes épuiſés ranimez la vieilleſſe.

Et toi ſœur du Soleil, Aſtre, qui dans les Cieux,
Des ſages éblouis trompois les faibles yeux,
Neuton de ta carriere a marqué les limites ;
Marche, éclaire les nuits ; tes bornes ſont preſcrites.

Terre, change de forme, & que la peſanteur,
En abaiſſant le Pole, éleve l'Equateur.
Pole immobile aux yeux, ſi lent dans votre courſe,
Fuyez le char glacé des ſept Aſtres de l'Ourſe ;
Embraſſez, dans le cours de vos longs mouvemens,
Deux cent Siécles entiers par de-là ſix mille ans.

Que ces objets ſont beaux ! Que notre ame épurée
Vole à ces vérités dont elle eſt éclairée !
Oui, dans le ſein de Dieu, loin de ce corps mortel,
L'eſprit ſemble écouter la voix de l'Eternel.

Vous, à qui cette voix ſe fait ſi bien entendre,
Comment avez-vous pu, dans un âge encor tendre,
Malgré les vains plaiſirs, ces écueils des beaux jours,
Prendre un vol ſi hardi, ſuivre un ſi vaſte cours,
Marcher après *Neuton* dans cette route obſcure
Du labyrinthe immenſe où ſe perd la Nature ?

Puiſſai-

Puissai-je auprès de vous, dans ce Temple écarté,
Aux regards des Français montrer la Vérité ?
Tandis (1) qu'Algaroti, sûr d'instruire & de plaire,
Vers le Tibre étonné, conduit cette Etrangere ;
Que de nouvelles fleurs il orne ses attraits ;
Le Compas à la main, j'en tracerai les traits ;
De mes craions grossiers je peindrai l'Immortelle ;
Cherchant à l'embellir, je la rendrois moins belle ;
Elle est, ainsi que vous, noble, simple & sans fard,
Au dessus de l'éloge, au dessus de mon Art.

(1) Mr. Algaroti, jeune Vénitien, faisoit imprimer alors à Venise un Traité sur la Lumiére, dans lequel il expliquoit l'attraction.

AUX MANES
DE MONSIEUR
DE GENONVILLE,

Conseiller au Parlement, & intime ami de l'Auteur.

TOI que le Ciel jaloux ravit dans ton printemps,
Toi, de qui je conserve un souvenir fidele;
  Vainqueur de la Mort & du Temps,
  Toi, dont la perte, après dix ans,
  M'est encore affreuse & nouvelle;
Si tout n'est pas détruit, si, sur les sombres bords,
Ce souffle si caché, cette faible étincelle,
Cet Esprit, le moteur & l'esclave du corps,
Ce je ne sais quel Sens, qu'on nomme Ame immortelle,
Reste inconnu de nous, est vivant chez les Morts;
S'il est vrai que tu sois, & si tu peux m'entendre,
O! mon cher GENONVILLE, avec plaisir reçoi
Ces vers & ces soupirs que je donne à ta cendre,
Monument d'un amour immortel comme toi.
Il te souvient du temps où l'aimable *Egerie*,
  Dans les beaux jours de notre vie,
Ecoutoit nos chansons, partageoit nos ardeurs.
Nous nous aimions tous trois. La Raison, la Folie,
L'Amour, l'enchantement des plus tendres erreurs;
  Tout réunissoit nos trois cœurs.

Que nous étions heureux ! Même cette indigence,
    Triste compagne des beaux jours,
Ne put de notre joie empoisonner le cours.
Jeunes, gais, satisfaits, sans soins, sans prévoyance,
Aux douceurs du présent bornant tous nos desirs,
Quel besoin avions-nous d'une vaine abondance ?
Nous possedions bien mieux, nous avions les Plaisirs ;
Ces Plaisirs, ces beaux jours coulés dans la molesse,
    Ces Ris, enfans de l'Allegresse,
Sont passés avec toi dans la nuit du trépas.
Le Ciel, en récompense, accorde à ta Maitresse,
    Des grandeurs & de la richesse,
Appuis de l'âge mûr, éclatant embarras ;
Faible soulagement quand on perd sa jeunesse ;
La Fortune est chez elle, où fut jadis l'Amour.
Les Plaisirs ont leur temps, la Sagesse a son tour.
L'Amour s'est envolé sur l'aîle du Bel âge,
Mais jamais l'Amitié ne fuit du cœur du Sage.
Nous chantons quelquefois & tes Vers & les miens,
De ton aimable esprit nous célébrons les charmes,
Ton nom se mêle encor à tous nos entretiens,
Nous lisons tes Ecrits, nous les baignons de larmes.
Loin de nous à jamais ces mortels endurcis,
Indignes du beau nom, du sacré nom d'Amis,
Ou toujours remplis d'eux, ou toujours hors d'eux-
    mêmes,
Au Monde, à l'Inconstance ardens à se livrer,
Malheureux, dont le cœur ne sait pas comme on aime,
Et qui n'ont point connu la douceur de pleurer !

LA MORT
DE MADEMOISELLE
LE COUVREUR.

QUE vois-je, quel objet ? Quoi ! ces lévres char-
    mantes,
Quoi ! ces yeux d'où partoient ces flammes éloquentes,
Eprouvent du trépas les livides horreurs ?
Muses, Graces, Amours, dont elle fut l'image,
O mes Dieux & les siens, secourez votre ouvrage.
Que vois-je ? C'en est fait, je t'embrasse, & tu meurs.
Tu meurs ; on sait déja cette affreuse nouvelle :
Tous les cœurs sont émûs de ma douleur mortelle.
J'entends de tous côtés les beaux Arts éperdus,
S'écrier en pleurant, Melpomene n'est plus.
      Que direz-vous, race future,
Lorsque vous apprendrez la flétrissante injure
Qu'à ces Arts désolés font des hommes cruels ?
      Ils privent de la sépulture
Celle qui dans la Gréce auroit eu des Autels.
Quand elle étoit au monde, ils soupiroient pour elle ;
Je les ai vû soumis, au tour d'elle empressés :
Si-tôt qu'elle n'est plus, elle est donc criminelle ?
Elle a charmé le monde, & vous l'en punissez.
Non, ces bords desormais ne seront plus profanes, *
Ils contiennent ta cendre ; & ce triste tombeau
                                  Honoré

* *Elle est enterrée sur le bord de la Seine.*

Honoré par nos chants, confacré par tes Mânes,
    Eft pour nous un Temple nouveau.
Voilà mon S. Denis ; oui, c'eft là que j'adore
Ton efprit, tes talens, tes graces, tes appas ;
Je les aimai vivans, je les encenfe encore,
    Malgré les horreurs du trépas,
    Malgré l'erreur & les ingrats
Que feuls de ce tombeau l'opprobre deshonore.
Ah ! verrai-je toujours ma faible Nation,
Incertaine en fes vœux flétrir ce qu'elle admire ?
Nos mœurs avec nos loix toujours fe contredire,
Et le Français volage endormi fous l'empire
    De la Superftition ?
    Quoi ! N'eft-ce donc qu'en Angleterre
    Que les Mortels ofent penfer ?
O rivale d'Athene, ô Londre ! heureufe terre,
Ainfi que des Tyrans vous avez fû chaffer
Les préjugés honteux qui vous livroient la guerre.
C'eft-là qu'on fait tout dire, & tout récompenfer ;
Nul Art n'eft méprifé, tout fuccès a fa gloire ;
Le Vainqueur de *Tallard*, le fils de la Victoire,
Le fublime *Dryden*, & le fage *Addiffon*
Et la charmante *Ophils*, & l'immortel *Neuton*,
    Ont part au Temple de memoire.
Et *Le Couvreur* à Londre auroit eu des tombeaux
Parmi les Beaux Efprits, les Rois & les Héros.
Quiconque a des talens, à Londre eft un grand homme.
    L'Abondance & la Liberté,
Ont, après deux mil ans chez vous reffufcité
    L'efprit de la Gréce & de Rome.
Du Laurier d'Apollon, dans nos ftériles champs,
La feuille négligée eft déformais flétrie.
Dieux ! Pourquoi mon Païs n'eft-il plus la Patrie
    Et de la Gloire & des Talens ?

LETTRES
FAMILIERES.

LETTRE

Ecrite à Monsieur l'Abbé de Chaulieu de Sully, le 5. Juillet 1717.

A Vous, l'*Anacreon* du Temple,
A vous, le sage si vanté,
Qui nous prêchez la Volupté
Par vos vers & par votre exemple;
Vous, dont le Luth délicieux,
Quand la Goute au lit vous condamne,
Rend des sons aussi gracieux,
Que quand vous chantez la Tocane,
Assis à la Table des Dieux.

Je vous écris de Sully, où Chapelle a demeuré, c'est-à-dire, s'est enivré deux ans de suite; je voudrais bien qu'il eût laissé dans ce Château un peu de son talent poëtique, cela accommoderoit fort ceux qui veulent vous écrire: mais, comme on prétend qu'il vous l'a laissé tout entier, j'ai été obligé d'avoir recours à la magie dont vous m'avez tant parlé;

Et dans une Tour assez sombre
Du Château qu'habita jadis
Le plus leger des beaux Esprits,
Un beau soir j'évoquai son ombre:

Aux Déités des sombres lieux
Je ne fis point de sacrifice,
Comme ces fripons qui des Dieux
Chantoient autrefois le Service ;
Où la Sorciere *Pitonisse*,
Dont la grimace & l'artifice
Avoient fait dresser les cheveux
A ce sot Prince des Hebreux,
Qui crut bonnement que le Diable
D'un Prédicateur ennuïeux
Lui montroit le spectre effroïable.
Il n'y faut point tant de façon
Pour une ombre aimable & légére ;
C'est bien assez d'une chanson,
Est c'est tout ce que je puis faire.
Je lui dis sur mon violon :
Eh ! de grace, Monsieur *Chapelle*,
Quittez le manoir de *Pluton*,
Pour cet enfant qui vous appelle ;
Mais non sur la voûte éternelle.
Les Dieux vous ont reçu, dit-on,
Et vous ont mis entre *Apollon*
Et le fils jouflu de *Semele*.
Du haut de ce divin canton,
Descendez, aimable *Chapelle* :
Cette familiere oraison,
Dans la demeure fortunée
Reçut quelque approbation ;
Car enfin, quoique mal tournée,
Elle étoit faite en votre nom.
Chapelle vint. A son approche,
Je sentis un transport soudain ;

Car il avoit sa lire en main,
Et son Gassendi dans sa poche;
Il s'appuioit sur *Bachaumon*,
Qui lui servit de compagnon
Dans le récit de ce voïage,
Qui, du plus charmant badinage,
Fut la plus charmante leçon.

Je lui demandai comme il s'y prenoit autrefois dans le monde

Pour chanter toujours sur sa lyre
Ces vers aisés, ces vers coulans,
De la Nature heureux enfans,
Où l'Art ne trouve rien à dire.
L'Amour, me dit-il, & le vin,
Autrefois me firent connaître
Les graces de cet Art Divin;
Puis à *Chaulieu* l'Epicurien
Je servis quelque temps de maître;
Il faut que *Chaulieu* soit le tien.

LETTRE

A Mr. LE DUC DE SULLY.

A Paris, le 18. Aoust 1720.

J'IRAI chez vous, Duc adorable,
Vous, dont le goût, la vérité,
L'esprit, la candeur, la bonté,
Et la douceur inalterable,
Font respecter la volupté,
Et rendent la sagesse aimable.
Que dans ce champêtre séjour,
Je me fais un plaisir extrême,
De parler sur la fin du jour,
De Vers, de Musique, d'Amour,
Et pas un seul mot du sistême, *
De ce sistême tant vanté,
Par qui nos Héros de Finance
Embourfent l'argent de la France,
Et le tout par pure bonté.
Pareils à la vieille Sibille
Dont il est parlé dans *Virgile*,
Qui, possédant, pour tout tresor,
Des recettes d'Energumene,
Prend du Troïen le Rameau d'or,
Et lui rend des feuilles de Chêne.

* Le sistême de Mr. Law, qui bouleversa la France en 1720.

Peut-

Lettre à M. le Duc de Sully.

Peut-être les larmes aux yeux,
Je vous apprendrai pour nouvelle,
Le trépas de ce vieux goûteux,
Qu'anima l'esprit de *Chapelle*.
L'éternel Abbé de *Chaulieu*
Paraîtra bien-tôt devant Dieu;
Et si d'une Muse féconde,
Les Vers aimables & polis,
Sauvent une ame en l'autre monde,
Il ira droit en Paradis.
L'autre jour à son agonie,
Son Curé vint de grand matin,
Lui donner en cérémonie,
Avec son Huile & son Latin,
Un passe-port pour l'autre vie :
Il vit tous ses péchés lavés,
D'un petit mot de pénitence,
Et reçut ce que vous savez,
Avec beaucoup de bienséance;
Il fit même un très-beau sermon,
Qui satisfit tout l'Auditoire :
Tout haut il demanda pardon
D'avoir eu trop de vaine gloire :
C'étoit-là, dit-il, le péché
Dont il fut le plus entiché;
Car on sait qu'il étoit Poëte,
Et que sur ce point tout Auteur,
Ainsi que tout Prédicateur,
N'a jamais eu l'ame bien nette.
Il sera pourtant regretté,
Comme s'il eût été modeste;
Sa perte au Parnasse est funeste.
Presque seul il étoit resté,

D'un siécle plein de politesse.
On dit qu'aujourd'hui la jeunesse,
A fait à la délicatesse,
Succeder la grossiereté,
La débauche à la volupté,
Et la vaine & lâche paresse,
A cette sage oisiveté
Que l'Etude occupoit sans cesse.
Pour notre petit Génonville,
Si digne du Siécle passé,
Et des faiseurs de Vaudeville,
Il me paraît très-empressé,
D'abandonner pour vous la Ville:
Le sistême n'a point gâté
Son esprit aimable & facile,
Il a toûjours le même style,
Et toûjours la même gaîté.
Je sai que par déloïauté,
Le fripon n'a guére à tâter
De la Maîtresse tant jolie
Dont j'étois si fort entêté,
Il rit de cette perfidie,
Et j'aurois pû m'en courroucer;
Mais je sai qu'il faut se passer,
Des Bagatelles dans la vie.

A MONSEIGNEUR
LE PRINCE DE VENDOME.

DE Sully, salut, & bon Vin,
Au plus aimable de nos Princes,
De la part de l'Abbé Courtin,
Et d'un Rimailleur des plus minces,
Que son bon Ange & son Lutin,
Ont envoyé dans ces Provinces.

Vous voyez, Monseigneur, que l'envie de faire quelque chose pour vous, a réüni deux hommes bien differens;

L'un gras, rond, gros, court, séjourné,
Citadin de Papimanie,
Porte un teint de prédestiné,
Avec la croupe rebondie.
Sur son front, respecté du temps,
Une fraîcheur toujours nouvelle,
Au bon Doyen de nos galans,
Donne une jeunesse éternelle.
L'autre dans Papefigue est né,
Maigre, long, sec & décharné,
N'ayant eu croupe de sa vie,
Moins malin qu'on ne vous le dit,
Mais peut-être de Dieu maudit,
Puisqu'il aime, & qu'il versifie.

Notre premier deſſein étoit d'envoyer à Votre Alteſſe un Ouvrage dans les formes, moitié Vers, moitié Proſe, comme en uſoient les *Chapelles*, les *des Barreaux*, les *Hamiltons*, contemporains de l'Abbé, & nos Maîtres: j'aurois preſque ajouté *Voiture*, ſi je ne craignois de fâcher mon confrere, qui prétend n'être pas aſſez vieux pour l'avoir vû.

Comme il y a des choſes aſſez hardies à dire, par le temps qui court, le plus ſage de nous deux, qui n'eſt pas moi, ne vouloit en parler qu'à condition qu'on n'en ſauroit rien.

> Il alla donc vers le Dieu du miſtere,
> Dieu des Normands, par moi très-peu fêté,
> Qui parle bas quand il ne peut ſe taire,
> Baiſſe les yeux, & marche de côté.
> Il favoriſe, & certes c'eſt dommage,
> Force fripons, mais il conduit le Sage;
> Il eſt au Bal, à l'Egliſe, à la Cour;
> Au temps jadis il a guidé l'Amour.

Malheureuſement ce Dieu n'étoit pas à Sully; il étoit en tiers, dit-on, entre l'Archevêque de ..... & Madame de ....., ſans cela nous euſſions achevé notre ouvrage ſous ſes yeux.

> Nous euſſions peint les Jeux voltigeans ſur vos traces.
> Et cet eſprit charmant, au ſein d'un doux loiſir,
>   Agréable dans le plaiſir,
>   Héroïque dans les diſgraces.

Nous

Nous vous eussions parlé de ces bienheureux jours,
    Jours consacrés à la tendresse.
    Nous vous eussions avec adresse,
    Fait la Peinture des amours,
    Et des Amours de toute espece;
    Vous en eussiez vû de Paphos,
    Vous en eussiez vû de Florence,
    Mais avec tant de bienséance,
    Que le plus âpre des Dévots,
    N'en eût pas fait la diférence.
Bacchus y paraîtroit de Tocane échauffé,
    D'un bonnet de Pampre coëffé,
Célébrant avec vous sa plus joyeuse Orgie;
L'Imagination seroit à son côté,
De ses brillantes fleurs ornant la Volupté
    Entre les bras de la Folie.
    Petits soupers, jolis festins,
    Ce fut parmi vous que naquirent,
    Mille Vaudevilles malins,
    Que les Amours à rire enclins,
    Dans leurs sotisiers receuillirent;
    Et que j'ai vûs entre leurs mains.
    Ah! que j'aime ces Vers badins,
    Ces riens naïfs & pleins de grace,
    Tels que l'ingénieux *Horace*
    En eût fait l'ame d'un repas,
    Lors qu'à table il tenoit sa place,
    Avec Auguste & Mécénas.

Voilà un faible crayon du Portrait que nous voulions faire. Mais

Il faut être inspiré pour de pareils écrits ;
 Nous ne sommes point beaux esprits,
 Et notre flageolet timide
 Doit céder cet honneur charmant
 Au Luth aimable, au Luth galant,
 De ce successeur de *Clement*,
 Qui dans votre Temple réside.
 Sachez donc que l'oisiveté
 Fait ici notre grande affaire ;
 Jadis de la Divinité
 C'étoit le partage ordinaire ;
 C'est le vôtre, & vous m'avoûrez,
 Qu'après tant de jours consacrez
 A Mars, à la Cour, à Cythére,
 Lorsque de tout on a tâté,
 Tout fait, ou du moins tout tenté,
 Il est bien doux de ne rien faire.

A Mʀ. DE GENONVILLE,

Sur une Maladie.

NE me foupçonne point de cette vanité
Qu'a notre ami *Chaulieu* de parler de lui-même;
Et laiſſe moi joüir de la douceur extrême,
  De t'ouvrir avec liberté
  Un Cœur qui te plaît & qui t'aime.
  De ma Muſe en mes premiers ans,
Tu vis les tendres fruits imprudemment éclore,
Tu vis la calomnie avec ſes noirs ſerpens,
  Des plus beaux jours de mon Printemps,
  Obſcurcir la naiſſante Aurore.
D'une injuſte priſon je ſubis la rigueur,
  Mais au moins de mon malheur
  Je fus tirer quelque avantage;
J'appris à m'endurcir contre l'adverſité;
  Et je me vis un courage
Que je n'attendois pas de la légereté,
  Et des erreurs de mon jeune âge.
Dieu! que n'ai-je eu depuis la même fermeté!
  Mais à de moindres allarmes,
  Mon cœur n'a point réſiſté.
Tu ſais combien l'Amour m'a fait verſer de larmes.
  Fripon, tu le ſais trop bien,
  Toi dont l'amoureuſe adreſſe
  M'ôta mon unique bien:
  Toi dont la délicateſſe,
  Par un ſentiment fort humain,

        Aima

> Aima mieux ravir ma Maîtreſſe,
> Que de la tenir de ma main.

Mais je t'aimai toûjours, tout ingrat & vaurien,
Je te pardonnai tout avec un cœur Chrêtien,
Et ma facilité fit grace à ta faibleſſe.
Hélas! Pourquoi parler encor de mes amours!
Quelquefois ils ont fait le charme de ma vie;
> Aujourd'hui la maladie

En éteint le flambeau peut-être pour toûjours.
De mes ans paſſagers la trame eſt racourcie;
Mes Organes laſſés ſont morts pour les plaiſirs:
Mon cœur eſt étonné de ſe voir ſans deſirs.
> Dans cet état il ne me reſte

Qu'un aſſemblage vain de ſentimens confus,
Un préſent douloureux, un avenir funeſte,
Et l'affreux ſouvenir d'un bonheur qui n'eſt plus.
Pour comble de malheur je ſens de ma penſée,
> Se déranger les reſſorts;

Mon eſprit m'abandonne; & mon ame éclipſée
Perd en moi de ſon être, & meurt avant mon corps.
Eſt-ce là ce rayon de l'eſſence ſuprême,
> Qu'on nous peint ſi lumineux?

Eſt-ce là cet eſprit ſurvivant à nous même?
Il naît avec nos ſens, croît, s'affaiblit comme eux;
> Hélas! périroit-il de même!
> Non, ſans doute, & j'oſe eſperer

Que de la Mort, du Temps & des Deſtins le maître,
Dieu conſerve pour lui le plus pur de notre être,
Et n'anéantit point ce qu'il daigne éclairer.

A M. LE MARECHAL DE VILLARS.

JE me flattois de l'espérance
D'aller goûter quelque repos
Dans votre Maison de plaisance,
Mais *Vinache* * a ma confiance :
Et j'ai donné la préférence,
Sur le plus grand de nos Héros,
Au plus grand Charlatan de France.
Ce discours vous déplaira fort,
Et je confesse que j'ai tort
De parler du soin de ma vie
A celui qui n'eut d'autre envie
Que de chercher par tout la mort.
Mais souffrez que je vous réponde,
Sans m'attirer votre courroux,
Que j'ai plus de raisons que vous,
De vouloir rester dans ce Monde :
Car si quelque coup de Canon,
Dans vos beaux jours brillans de gloire,
Vous eût envoyé chez Pluton,
Voyez la consolation
Que vous auriez dans la nuit noire,
Lorsque vous sauriez la façon,
Dont vous auroit traité l'Histoire ;

PARIS vous eût, premierement,
Fait un service fort célébre,
En presence du Parlement ;

* Medecin Empirique.

Et quelque Prélat ignorant
Auroit prononcé hardiment
Une longue Oraison funebre,
Qu'il n'eût pas fait assurément.
Puis en vertueux Capitaine
On vous auroit proprement mis
Dans l'Eglise de Saint Denis,
Entre du *Guesclin* & *Turenne*.
Mais si quelque jour, moi chétif,
J'allois passer le noir esquif,
Je n'aurois qu'une vile Biere,
Deux Prêtres s'en iroient gaïment
Porter ma figure légere,
Et la loger mesquinement
Dans un recoin du Cimetiere ;
Mes Niéces, au lieu de priere,
Et mon Janseniste de Frere,
Riroient à mon enterrement ;
Et j'aurois l'honneur seulement,
Que quelque Muse médisante
M'aflubleroit pour un moment,
D'une Epitaphe impertinente.

Vous voyez donc très clairement,
Qu'il est bon que je me conserve,
Pour être encor témoin long-tems
De tous les Exploits éclatans
Que le Seigneur Dieu vous reserve.

A MADAME DE FONTAINE-MARTEL.

O Très-singuliere Martel !
J'ai pour vous estime profonde ;
C'est dans votre petit Hôtel,
C'est sur vos soupers que je fonde
Mon plaisir, le seul bien réel
Qu'un honnête homme ait en ce monde.
Il est vrai qu'un peu je vous gronde ;
Mais, malgré cette liberté,
Mon cœur vous trouve, en vérité,
Femme à peu de femmes seconde ;
Car, sous vos cornettes de nuit,
Sans préjugés & sans faiblesse,
Vous logez esprit qui séduit
Ce qui tient fort à la Sagesse :
Or votre sagesse n'est pas
Cette pointilleuse Harpie,
Qui raisonne sur tous les cas,
Et qui, triste sœur de l'Envie,
Ouvrant un gosier édenté
Contre la tendre Volupté,
Toujours prêche, argumente & crie :
Mais celle qui si doucement,
Sans effort & sans industrie,

Se bornant toute au sentiment,
Sçait jusqu'au dernier moment
Répandre un charme sur la vie.
Voïez-vous pas de tous côtés
De très-décrépites Beautés,
Pleurans de n'être plus aimables,
Dans leur besoin de passion,
S'affoler de dévotion,
Et rechercher l'ambition
D'être bégueules respectables ?
Bien loin de cette triste erreur,
Vous avez, au lieu des Vigiles,
Des soupers longs, gais & tranquiles,
Des vers aimables & faciles,
Au lieu des fatras inutiles
De *Quesnel* & de *le Tourneur*;
Voltaire, au lieu d'un Directeur;
Et pour mieux chasser toute angoisse,
Au Curé préférant *Campra*,
Vous avez loge à l'Opera,
Au lieu de banc dans la Paroisse :
Et ce qui rend mon sort plus doux,
C'est que ma maîtresse, chez vous,
La Liberté, se voit logée :
Cette Liberté mitigée,
A l'œil ouvert, au front serein,
A la démarche dégagée,
N'étant ni prude, ni catin,
Décente, & jamais arrangée,
Soûriant d'un soûris badin
A ces paroles chatouilleuses,
Qui font baisser un œil malin
A Mesdames les Précieuses ;

C'est

A Madame de Fontaine-Martel.

C'est là qu'on trouve la gaîté,
Cette sœur de la Liberté,
Jamais aigre dans la Satire,
Toujours vive dans les bons mots,
Se moquant quelquefois des sots,
Et très-souvent, mais à propos,
Permettant au Sage de rire.
Que le Ciel bénisse le cours
D'un sort aussi doux que le vôtre,
Martel ; l'Automne de vos jours
Vaut mieux que le Printemps d'un autre.

LETTRE

Ecrite de Plombieres

A MONSIEUR PALLU

Aouſt 1729.

DU fond de cet antre pierreux,
  Entre deux montagnes cornues,
Sous un Ciel noir & pluvieux,
Où les Tonnerres orageux
Sont portés ſur d'épaiſſes nues ;
Près d'un bain chaud, toujours croté,
Plein d'une eau qui fume & bouillonne,
Où tout malade empaqueté,
Et tout hipocondre entêté,
Qui de ſon mal toujours raiſonne,
Se baigne, s'enfume, & ſe donne
La queſtion pour la ſanté :

De cet antre où je vois venir
D'impotentes ſempiternelles,
Qui toutes penſent rajeunir ;
Un petit nombre de Pucelles,
Mais un beaucoup plus grand de celles
Qui voudroient le redevenir ;
Où par le coche on nous améne

A Monsieur Pallu.

De vieux Citadins de Nancy,
Et des Moines de Commercy,
Avec l'Attribut de Lorraine
Que nous rapporterons d'ici :

   De ces lieux où l'ennui foisonne,
J'ose encore écrire à *Paris*.
Malgré *Phœbus* qui m'abandonne,
J'invoque l'Amour & les Ris ;
Ils connoissent peu ma personne ;
Mais c'est à Pallu que j'écris,
Alcibiade me l'ordonne.
C'est l'Alcibiade Français,
Dont vous admiriez les succès,
Chez nos Prudes, chez nos Coquettes.
Plein d'esprit, d'audace & d'attraits,
De vertus, de gloire & de dettes,
Toutes les femmes l'adoroient,
Toutes avoient la préférence ;
Toutes à leur tour se plaignoient
Des excès de son inconstance,
Qu'à grand'peine elles égaloient.

   L'Amour ou le temps l'a défait
Du beau vice d'être infidele ;
Il prétend d'un Amant parfait
Etre devenu le modele.
J'ignore quel objet charmant
A produit ce grand changement,
Et fait sa conquête nouvelle :
Mais, qui que vous soyez, la Belle,
Je vous en fais mon compliment.

A Monsieur Pallu.

On pourroit bien, à l'avanture,
Choisir un autre greluchon,
Plus Alcide pour la figure,
Et pour le cœur, plus Celadon;
Mais quelqu'un plus aimable? non,
Il n'en est point dans la Nature;
Car, Madame, où trouvera-t-on
D'un ami la discrétion,
D'un vieux Seigneur la politesse,
Avec l'imagination
Et les graces de la Jeunesse,
Un tour de conversation,
Sans empressement, sans paresse,
Et l'esprit monté sur le ton
Qui plaît à gens de toute espece ?
Et, n'est-ce rien d'avoir tâté
Trois ans de la formalité
Dont on assomme une Ambassade,
Sans nous avoir rien rapporté
De la pesante gravité
Dont cent Ministres font parade ?
A ce portrait si peu flatté,
Qui ne voit mon Alcibiade ?

Reponse à une Dame, ou soi disant telle.

TU commences par me louër,
 Tu veux finir par me connaître ;
Tu me louëras bien moins ; mais il faut t'avouër
 Ce que je suis, ce que je voudrais être,
J'aurai vu dans trois ans passer quarante Hyvers,
Apollon présidoit au jour qui ma vû naître,
Au sortir du Berceau j'ai béguaié des Vers,
Bien-tôt ce Dieu puissant m'ouvrit son sanctuaire,
Mon cœur vaincu par lui, se rangea sous sa loi,
D'autres ont fait des Vers par le desir d'en faire,
  Je fus Poëte malgré moi.
Tous les goûts à la fois sont entrés dans mon ame,
Tout art a mon hommage, & tout plaisir m'enflame,
La Peinture me charme ; on me voit quelquefois,
Au Palais de Philippe, ou dans celui des Rois,
Sous les efforts de l'art admirer la nature,
Du brillant *Cagliari* * saisir l'esprit Divin,
Et dévorer des yeux la touche noble & sûre,
  De *Raphaël* & du *Poussin*.
De ces Appartemens qu'anime la Peinture,
Sur les pas du plaisir je vole à l'Opera.
 J'applaudis tout ce qui me touche,
  La fertilité de *Campra*,
La gaîté de *Mouret*, les graces de *Destouche*.
Pelissier par son art, *le More* par sa voix,
Tour à tour ont mes vœux & suspendent mon choix.
Quelquefois embrassant la science hardie,

    L 4   Que

* *Paul Veronese.*

Réponse de Mr. Voltaire à une Dame.

      Que la curiosité,
      Honora par vanité,
      Du nom de Philosophie,
Je cours après *Neuton* dans l'abîme des Cieux,
Je veux voir si des nuits la Courriere inégale,
Par le pouvoir changeant d'une force centrale,
En gravitant vers nous, s'approche de nos yeux,
Et pese d'autant plus qu'elle est près de ces lieux,
      Dans les limites d'un ovale.
J'en entends raisonner les plus profonds esprits,
Maupertuis & *Cleraut*, calculante cabale,
Je les vois qui des Cieux franchissent l'intervale,
Et je vois trop souvent que j'ai très-peu compris.
De ces obscuritez je passe à la morale,
Je lis au cœur de l'homme & souvent j'en rougis;
J'examine avec soin les informes écrits,
Les Monumens épars & le style énergique
De ce fameux *Pascal*, ce dévot satirique;
Je vois ce rare esprit trop promt à s'enflamer,
      Je combats ses rigueurs extrêmes.
Il enseigne aux humains à se hair eux-mêmes;
Je voudrois malgré lui leur apprendre à s'aimer.
Ainsi mes jours égaux que les Muses remplissent,
Sans soins, sans passions, sans préjugé facheux,
Commencent avec joye & vivement finissent,
      Par des soûpers délicieux.
L'amour dans mes plaisirs ne mêle plus ses peines;
La tardive raison vient de briser mes chaînes;
J'ai quitté prudemment ce Dieu qui m'a quitté;
J'ai passé l'heureux tems fait pour la volupté.
Est-il donc vrai, grands Dieux! il ne faut plus que j'aime.
La foule des beaux arts dont je veux tour à tour,
      Remplir le vuide de moi-même,
N'est point encor assez pour remplacer l'amour.

LETTRE
SUR LA TRACASSERIE,

A Monsieur de Bussy, Evêque de Luçon.

ORNEMENT de la Bergerie,
  Et de l'Eglise, & de l'Amour;
Aussi-tôt que Flore, à son tour,
Peindra la Campagne fleurie,
Revoyez la Ville chérie;
Est-il pour vous d'autre Patrie?
Et seroit-il dans l'autre vie
  Un plus beau Ciel, un plus beau jour,
Si l'on pouvoit de ce séjour
Exiler la TRACASSERIE ?
Evitons ce Monstre odieux,
Monstre femelle, dont les yeux
Portent un poison gracieux ;
Et que le Ciel, en sa furie,
De notre bonheur envieux,
A fait naître dans ces beaux lieux
Au sein de la Galanterie.
Voyez-vous comme un miel flatteur
Distille de sa bouche impure?
Voyez-vous comme l'Imposture
Lui prête un secours séducteur?

Le Courroux étourdi la guide,
L'embarras, le Soupçon timide,
En chancelant suivent ses pas.
Des faux rapports l'Erreur avide,
Court au devant de la perfide,
Et la caresse dans ses bras.
Que l'Amour, secouant ses aîles,
De ces commerces infideles
Puisse s'envoler à jamais :
Qu'il cesse de forger des traits
Pour tant de Beautés criminelles.
Je hais bien tout mauvais Railleur,
De qui le bel esprit batise,
Du nom d'ennui, la paix du cœur,
Et la Constance de sotise.
Heureux qui voit couler ses jours
Dans la Mollesse & l'Incurie,
Sans intrigues, sans faux détours,
Près de l'objet de ses amours,
Et loin de la Coquetterie :
Que chaque jour rapidement,
Pour de pareils Amans, s'écoule ;
Ils ont tous les plaisirs en foule,
Hors ceux du raccommodement.
Rendez-nous donc votre présence,
Galant Prieur de Frigolet,
Très-aimable, & très-frivolet,
Venez voir votre humble Valet
Dans le Palais de la Constance.
Les graces, avec complaisance,

Vous

Vous fuivront en petit-Colet ;
Et moi, leur ferviteur folet,
J'ébaudirai votre Excellence
Par des airs de mon Flageolet,
Dont l'Amour marque la cadence,
En faifant des pas de Ballet.

A MONSIEUR DE FORMONT.

En lui renvoyant les Oeuvres de Descartes &
de Malbranche.

RIMEUR charmant, plein de Raison,
Philosophe entouré de graces,
Epicure, avec Apollon,
S'empresse à marcher sur vos traces :
Je renonce au fatras obscur
Du Grand Rêveur de l'Oratoire,
Qui croit parler de l'Esprit pur,
Ou qui veut nous le faire accroire ;
Nous disant qu'on peut, à coup sûr,
Entretenir Dieu dans sa gloire.
Ma raison n'a pas plus de foi
Pour *René*, le Visionaire,
Songeur de la nouvelle Loi ;
Il éblouit plus qu'il n'éclaire.
Dans une épaisse obscurité
Il fait briller des étincelles.
Il a gravement débité
Un tas brillant d'Erreurs nouvelles,
Pour mettre à la place de celles
De la bavarde Antiquité.
Dans sa cervelle trop féconde,
Il prend, d'un air fort important,
Des dez pour arranger le Monde ;
Bridoye en auroit fait autant.

       Adieu.

A Monsieur de Formont.

Adieu. Je vais chez ma Silvie;
Un esprit fait comme le mien,
Goûte bien mieux son entretien,
Qu'un Roman de Philosophie.
De ses attraits toujours frapé,
Je ne la crois pas trop fidelle:
Mais puisqu'il faut être trompé,
Je ne veux l'être que par elle.

A MONSIEUR
LE DUC DE LA FEUILLADE.

Conservez précieusement
L'imagination fleurie
Et la bonne Plaisanterie
Dont vous possédez l'agrément,
Au défaut du tempérament
Dont vous vous vantez hardiment,
Et que tout le monde vous nie.
La Dame, qui depuis long-temps
Connaît à fond votre personne,
A dit : Hélas ! je lui pardonne
D'en vouloir imposer aux gens ;
Son esprit est dans son printemps,
Mais son corps est dans son Automne.
Adieu, Monsieur le Gouverneur ;
Non, plus de Province Frontiere,
Mais d'une beauté singuliere,
Qui par son esprit, par son cœur,
Et par son humeur libertine
De jour en jour fait grand honneur
Au Gouverneur qui l'endoctrine.
Priez le Seigneur seulement,
Qu'il empêche que Cythérée
Ne substitue incessamment
Quelque jeune & frais Lieutenant,
Qui feroit sans vous son entrée
Dans un si beau Gouvernement.

A MONSIEUR DE FONTENELLE.

De Villars, le 1. Septembre 1720.

LES Dames qui font à Villars, Monfieur, se sont gâtées par la Lecture de vos Mondes. Il vaudroit mieux que ce fût par vos Eglogues, & nous les verrions plus volontiers ici, Bergeres, que Philosophes. Elles mettent à observer les Astres un tems qu'elles pourroient beaucoup mieux emploïer : & comme leurs goûts décident des nôtres, Nous nous sommes tous faits Physiciens pour l'amour d'Elles.

> Le soir sur des Lits de Verdure,
> Lits que de ses mains la Nature,
> Dans ces Jardins délicieux,
> Forma pour une autre avanture,
> Nous brouillons tout l'ordre des Cieux,
> Nous prenons Vénus pour Mercure ;
> Car, vous saurez qu'ici, l'on n'a,
> Pour examiner les Planettes,
> Au lieu de vos longues Lunettes,
> Que des Lorgnettes d'Opera.

Comme

À Monsieur de Fontenelle.

Comme nous passons la nuit à observer les Etoiles, nous négligeons fort le Soleil, à qui nous ne rendons visite que lorsqu'il a fait près des deux tiers de son tour. Nous venons d'apprendre tout-à-l'heure qu'il a paru de couleur de sang tout le matin; qu'ensuite, sans que l'air fût obscurci d'aucun nuage, il a perdu sensiblement de sa lumiere & de sa grandeur : Nous n'avons su cette nouvelle que sur les cinq heures du soir; Nous avons mis la tête à la fenêtre, & nous avons pris le Soleil pour la Lune, tant il étoit pâle. Nous ne doutons point que vous n'ayez vû la même chose à Paris.

C'est à vous que Nous nous adressons, Monsieur, comme à notre Maître. Vous savez rendre aimables les choses que beaucoup d'autres Philosophes rendent à peine intelligibles; & la Nature devoit à la France & à l'Europe un Homme comme vous, pour corriger les Savans, & pour donner aux ignorans le goût des Sciences.

  Or dites-nous donc, Fontenelles,
  Vous qui, par un vol imprévû,
  De Dédale prenant les aîles,
  Dans les Cieux avez parcouru
  Tant de Carrieres immortelles,
  Où Saint Paul avant vous a vû,
  Force beautés surnaturelles,
  Dont très-prudemment il s'est tu:
  Du Soleil par vous si connu,

A Monsieur de Fontenelle.

Ne savez vous point de nouvelles ?
Pourquoi sur un Char tout sanglant,
A-t-il commencé sa Carriere ?
Pourquoi perd-il, pâle & tremblant,
Et sa grandeur & sa Lumiére ?
Que dira le *Boulainvilliers* *
Sur ce terrible Phénomene ?
Va-t-il à des Peuples entiers
Annoncer leur perte prochaine ?
Verrons-nous des incursions,
Des Edits, des Guerres sanglantes,
Quelques nouvelles Actions,
Ou le retranchement des Rentes ?
Jadis quand vous étiez Pasteur,
On vous eût vû sur la Fougere,
A ce changement de couleur,
Du Dieu brillant qui nous éclaire,
Annoncer à votre Bergere,
Quelque changement dans son cœur ;
Mais depuis que votre Apollon
Voulut quitter la Bergerie
Pour Euclide & pour Varignon,
Et les Rubans de Celadon
Pour l'Astrolabe d'Uranie,
Vous nous parlerez le Jargon
De Calcul, de Réfraction.
Mais daignez un peu, je vous prie,
Si vous voulez parler Raison,
Nous l'habiller en Poësie :
Car sachez que, dans ce canton,
Un trait d'imagination
Vaut cent pages d'Astronomie.

RÉPONSE

* Le Comte de Boulainvilliers, Homme d'une grande Erudition, mais qui avoit la faiblesse de croire à l'Astrologie.

RÉPONSE
DE MONSIEUR
DE FONTENELLE
A MONSIEUR
DE VOLTAIRE.

CE n'est pourtant pas que je doute
Qu'un beau jour qui sera bien noir
Le pauvre Soleil ne s'encroûte,
En nous disant, Messieurs, bon soir;
Cherchez dans la céleste voûte
Quelque autre qui vous fasse voir.
Pour moi j'en ai fait mon devoir,
Et moi-même ne vois plus goute;
Encore un coup, Messieurs, bon soir;
Et peut-être en son desespoir,
Osera-t-il rimer en oute,
Si quelque Déesse n'écoute.
Mais sur notre triste manoir,
Combien de maux fera pleuvoir
Cette céleste Banqueroute?
On allumera maint Bougeoir,
Mais qui n'aura pas grand pouvoir:
Tout sera pêle-mêle, & toute

Société

Société sera dissoute,
Sans qu'on dise jusqu'au revoir.
Chacun de l'éternel dortoir
Enfilera bien-tôt la route
Sans tester & sans laisser d'hoir.
Et ce que bien plus je redoutes,
Chacun demandera l'absoute,
Et ne croira plus rien valoir.

STANCES
SUR LES POETES EPIQUES.

Pleins de beautés & de défauts,
Le vieil *Homere* a mon eſtime ;
Il eſt, comme tous ſes Héros,
Babillard, outré, mais ſublime.

Virgile orne mieux la Raiſon,
A plus d'Art, autant d'Harmonie ;
Mais il s'épuiſe avec *Didon*,
Et fâte à la fin *Lavinie*.

De faux brillans, trop de Magie,
Mettent le *Taſſe* un cran plus bas :
Mais, que ne tolere-t-on pas
Pour *Armide* & pour *Herminie* ?
Milton, plus ſublime qu'eux tous,
A des beautés moins agréables ;
Il ſemble chanter pour les Fous,
Pour les Anges & pour les Diables.

Stances sur les Poetes Epiques.

Après *Milton*, après le *Tasse*,
Parler de moi seroit trop fort ;
Et j'attendrai que je sois mort,
Pour apprendre quelle est ma place.

Vous, en qui tant d'esprit abonde,
Tant de grace & tant de douceur,
Si ma place est dans votre cœur,
Elle est la premiere du monde.

AU CAMP DE PHILISBOURG,

Le 3. Juillet 1734.

C'Est ici que l'on dort sans lit,
Et qu'on prend ses repas par terre.
Je vois, & j'entends l'Atmosphere,
Qui s'embrase, & qui retentit
De cent décharges de Tonnerre;
Et dans ces horreurs de la Guerre,
Le Français chante, boit & rit.
Bellone va réduire en cendres
Les Courtines de Philisbourg
Par cinquante mille Alexandres
Payés à quatre sols par jour;
Je les vois, prodiguant leur vie,
Chercher ces combats meurtriers,
Couverts de crotte & de Lauriers,
Et pleins d'Honneur & de Folie.

Je vois briller au milieu d'eux
Ce Fantôme, nommé la Gloire,
A l'œil superbe, au front poudreux,
Portant au cou cravate noire,
Ayant sa trompette en sa main,
Sonnant la Charge & la Victoire,
Et chantant quelques airs à boire,
Dont ils répetent le refrein.
O Nation brillante & vaine!

Illustres

Illustres Fous, Peuple charmant !
Que la Gloire à son char enchaine,
Il est beau d'affronter gaiment
Le trépas, & le Prince Eugene.

Mais hélas ! quel sera le prix
De vos héroïques prouesses ?
Vous serez cocus dans Paris
Par vos Femmes & vos Maîtresses.

MADRIGAL.
LES DEUX AMOURS.

CERTAIN Enfant, qu'avec crainte on caresse,
Et qu'on connoît, à son malin souris,
Court en tous lieux, précédé par les Ris,
Mais trop souvent suivi de la Tristesse ;
Dans les cœurs des Humains il entre avec souplesse,
Habite avec fierté, s'envole avec mépris.
Il est un autre Amour, fils craintif de l'Estime,
Soûmis dans ses chagrins, constant dans ses desirs ;
Que la Vertu soûtient, que la Candeur anime ;
Qui résiste aux rigueurs, & croît par les plaisirs :
De cet Amour le flambeau peut paraître
Moins éclatant ; mais ses feux sont plus doux ;
C'est là le Dieu que mon cœur veut pour maître,
Et je ne veux le servir que pour vous.

AUTRE.

AUTRE.

DE votre esprit la force est si puissante,
Que vous pourriez vous passer de beauté;
De vos attraits la grace est si piquante,
Que, sans esprit, vous m'auriez enchanté :
Si votre cœur ne sçait pas comme on aime,
Ces dons charmans vous seront superflus;
Un sentiment est cent fois au-dessus,
Et de l'Esprit, & de la Beauté même.

AUTRE.

TOUT est égal; & la Nature sage,
Veut au niveau ranger tous les Humains.
Esprit, Raison, beaux Yeux, charmant Visage,
Fleur de Santé, doux Loisir, Jours sereins;
Vous avez tout; c'est là votre partage :
Moi, je parais un Estre infortuné,
De la Nature enfant abandonné ;
Et n'avoir rien, semble mon appanage :
Mais vous m'aimez; les Dieux m'ont tout donné.

AUTRE.

En envoyant les Oeuvres mystiques de Fénelon.

QUAND de la *Guion* le charmant Directeur,
Disoit au Monde : Aimez Dieu pour lui-même ;
Oubliez vous dans votre heureuse ardeur :
On ne crut point à cet Amour extrême ;
On le traita de chimére & d'erreur ;
On se trompoit : Je connais bien mon cœur ;
Et c'est ainsi, belle *Eglé*, qu'il vous aime.

LE TEMPLE
DU GOÛT.

LE Cardinal Oracle de la France,
Non ce Mentor qui gouverne aujourd'hui,
Mais ce Nestor qui du Pinde est l'appui,
Qui des Savans a passé l'espérance,
Qui les soutient, qui les anime tous,
Qui les éclaire, & qui régne sur nous
Par les attraits de sa douce éloquence ;
Ce Cardinal qui sur un nouveau ton,
En vers Latins fait parler la Sagesse,
Réunissant Virgile avec Platon,
Vengeur du Ciel, & vainqueur de Lucréce (1)

Ce Cardinal enfin, que tout le monde doit reconnaître à ce portrait, me dit un jour qu'il vouloit que j'allasse avec lui au Temple du Goût. C'est un séjour, me dit-il, qui ressemble au Temple de l'Amitié, dont tout le monde parle, où peu de gens vont, & que la plûpart de ceux qui y voyagent n'ont presque jamais bien examiné.

Je répondis avec franchise,
Hélas! je connais assez peu
Les Loix de cet aimable Dieu,
Mais je sai qu'il vous favorise ;

Entre

Entre vos mains il a remis
Les clefs de son beau Paradis
Et vous êtes, à mon avis,
Le vrai Pape de cette Eglise.
Mais de l'autre Pape & de vous
(Dût Rome se mettre en courroux)
La différence est bien visible ;
Car la Sorbonne ose assûrer
Que le Saint Pere peut errer,
Chose, à mon sens, assez possible ;
Mais pour moi, quand je vous entends
D'un ton si doux & si plausible,
Débiter vos Discours brillans,
Je vous croirois presque infaillible.

Ah ! me dit-il, l'infaillibilité est à Rome pour les choses qu'on ne comprend point, & dans le Temple du Goût, pour les choses que tout le monde comprend ; il faut absolument que vous veniez avec moi. Mais, insistai-je encore, si vous me menez avec vous, je m'en vanterai à tout le monde.

Sur ce petit Pélerinage
Aussi-tôt on demandera
Que je compose un gros Ouvrage.
Voltaire simplement fera
Un recit court, qui ne sera
Qu'un très-frivole badinage.
Mais son récit on frondera ;
A la Cour on murmurera ;
Et dans Paris on me prendra

Pour un vieux Conteur de Voyage,
Qui vous dit, d'un air ingénu,
Ce qu'il n'a ni vû, ni connu,
Et qui vous ment à chaque page.

Cependant, comme il ne faut jamais se refuser un plaisir honnête, dans la crainte de ce que les autres en pourront penser, je suivis le Guide qui me faisoit l'honneur de me conduire.

Aimable Abbé, vous fûtes du Voyage,
Vous, que le Goût ne cesse d'inspirer,
Vous, dont l'esprit si délicat, si sage,
Vous, dont l'exemple a daigné me montrer
Par quels chemins on peut, sans s'égarer,
Chercher ce Goût, ce Dieu que dans cet Age
Maint Beaux esprits font gloire d'ignorer.

Nous rencontrâmes en chemin bien des obstacles. D'abord nous trouvâmes Mrs. Baldus, Scioppius, Lexicocrassus, Scriblerius, une nuée de Commentateurs, qui restituoient des passages, & qui compiloient de gros Volumes, à propos d'un mot qu'ils n'entendoient pas.

Là, j'apperçus les Daciers, (2) les Saumaises, (3)
Gens hérissés de savantes fadaises;
Le teint jauni, les yeux rouges & secs,
Le dos courbé sous un tas d'Auteurs Grecs;

Tous

Tous noircis d'encre, & coëffés de pouſſiére.
Je leur criai de loin, par la portiére :
N'allez-vous pas dans le Temple du Goût
Vous décraſſer? Nous : Meſſieurs ? Point du tout.
Ce n'eſt pas là, grace au Ciel, notre étude ;
Le Goût n'eſt rien : Nous avons l'habitude
De rédiger au long, de point en point,
Ce qu'on penſa ; mais nous ne penſons point.

Après cet aveu ingénu, ces Meſſieurs voulurent nous faire lire certains paſſages de Dictys de Crete, & de Métrodore de Lampſaque, que Scaliger avoit eſtropiés. Nous les remerciâmes de leur courtoiſie, & nous continuâmes notre chemin. Nous n'eumes pas fait cent pas, que nous trouvâmes un Homme entouré de Peintres, d'Architectes, de Sculpteurs, de Doreurs, de faux Connoiſſeurs, de Flateurs. Ils tournoient le dos au Temple du Goût.

D'un air content, l'Orgueil ſe repoſoit,
Se pavanoit ſur ſon large viſage ;
Et mon Craſſus, tout en ronflant, diſoit:
J'ai beaucoup d'Or, de l'Eſprit davantage ;
Du Goût, Meſſieurs, j'en ſuis pourvû ſur tout :
Je n'appris rien, je me connais à tout :
Je ſuis un Aigle en conſeil, en affaires ;
Malgré les Vents, les Rocs & les Corſaires,
J'ai dans le Port fait aborder ma Nef :
Partant il faut qu'on me bâtiſſe en bref

Un beau Palais, fait pour moi, c'est tout dire,
Où tous les Arts soient en foule entassés,
Où tout le jour je prétends qu'on m'admire.
L'argent est prêt ; je parle, obéissez.
Il dit, & dort ; aussi-tôt la Canaille
Autour de lui s'évertue & travaille.
Certain Maçon, en Vitruve érigé,
Lui trace un Plan d'ornemens surchargé ;
Nul vestibule, encor moins de Façade ;
Mais vous aurez une longue enfilade ;
Vos murs seront de deux doigts d'épaisseur,
Grands Cabinets, Salon sans profondeur,
Petits Trumeaux, Fenêtres à ma guise,
Que l'on prendra pour des Portes d'Eglise ;
Le tout boisé, verni, blanchi, doré,
Et des Badauts, à coup sûr, admiré.

 Réveillez-vous, Monseigneur, je vous prie,
Crioit un Peintre ; admirez l'industrie
De mes talens ; Raphaël n'eut jamais
Entendu l'Art d'embellir un Palais.
C'est moi qui fais annoblir la Nature :
Je couvrirai Plat-fonds, Voûte, Voussure,
Par cent Magots travaillés avec soin,
D'un pouce ou deux, pour être vûs de loin.

 Crassus s'éveille ; il regarde, il rédige,
A tort, à droit, regle, approuve, corrige.
A ses côtés, un petit Curieux,
Lorgnette en main, disoit : Tournez les yeux,
Voyez ceci, c'est pour votre Chapelle ;
Sur ma parole, achetez ce Tableau,

C'est Dieu le pere, en sa gloire éternelle,
Peint galamment dans le goût du Vatau. (4)

Et cependant, un fripon de Libraire,
Des beaux Esprits Ecumeur mercenaire,
Tout Bellegarde à ses yeux étalloit,
Gacon, le Noble, & jusqu'à Desfontaines,
Recueils nouveaux, & Journaux à centaines,
Et Monseigneur vouloit lire, & bâilloit.

Je crus en être quitte pour ce petit retardement, & que nous allions arriver au Temple, sans autre mauvaise fortune; mais la route est plus dangereuse que je ne pensois. Nous trouvâmes bien-tôt une nouvelle embuscade.

Tel un Dévot infatigable,
Dans l'étroit chemin du salut,
Est cent fois tenté par le Diable,
Avant d'arriver à son but.

C'étoit un Concert que donnoit un Homme de Robe, fou de la Musique qu'il n'avoit jamais apprise, & encore plus fou de la Musique Italienne, qu'il ne connaissoit que par de mauvais airs inconnus à Rome, & estropiés en France par quelques Filles de l'Opera.

Il faisoit exécuter alors un long Recitatif Français, mis en Musique par un Italien qui ne savoit pas notre Langue. En vain on lui remontra que cette espece de Musique, qui n'est qu'une déclamation nottée, est nécessai-

rement

rement asservie au génie de la Langue, &
qu'il n'y a rien de si ridicule que des Scénes
Françaises chantées à l'Italienne, si ce n'est de
l'Italien chanté dans le goût Français.

La Nature féconde, ingénieuse & sage,
Par ces dons partagés, ornant cet Univers
Parle à tous les Humains, mais sur des tons divers.
Ainsi que son esprit, tout Peuple a son langage,
Ses sons & ses accens à sa voix ajustés,
Des mains de la Nature exactement notés :
L'oreille heureuse & fine en sent la différence.
Sur le ton des Français, il faut chanter en France;
Aux loix de notre goût, Lully sut se ranger ;
Il embellit notre Art, au lieu de le changer.

A ces paroles judicieuses, mon homme
répondit en secouant la tête : Venez, venez,
dit-il, on va vous donner du neuf. Il fallut
entrer, & voilà son Concert qui commence.

Du grand Lully vingt Rivaux fanatiques,
Plus ennemis de l'Art & du Bon-Sens,
Défiguroient sur des tons glapissans
Des Vers Français, en fredons Italiques :
Une Bégueule en lorgnant se pâmoit,
Et certain Fat, yvre de sa parure,
En se mirant chevrotoit, fredonnoit ;
Et de l'Index battant faux la mesure,
Crioit, *bravo*, lorsque l'on détonnoit.

Nous

Nous sortîmes au plus vîte ; ce ne fut qu'au travers de bien des avantures pareilles, que nous arrivâmes enfin au Temple du Goût.

>Jadis en Grece on en posa
>Le fondement ferme & durable :
>Puis, jusqu'au Ciel on exhauſſa
>La faîte de ce Temple aimable ;
>L'Univers entier l'encensa ;
>Le Romain, long-tems intraitable,
>Dans ce séjour s'apprivoisa ;
>Le Muſulman, plus implacable,
>Conquit le Temple, & le rasa.
>En Italie on ramaſſa
>Tous les débris que l'Infidéle
>Avec fureur en dispersa.
>Bien-tôt FRANÇOIS PREMIER osa
>En bâtir un sur ce modéle.
>Sa Postérité mépriſa
>Cette Architecture si belle ;
>*Richelieu* vint, qui répara
>Le Temple abandonné par elle.
>LOUIS LE GRAND le décora ;
>*Colbert*, son Ministre fidéle,
>Dans ce Sanctuaire attira
>Des Beaux-Arts la Troupe immortelle.
>L'Europe jalouse admira
>Ce Temple en sa beauté nouvelle ;
>Mais je ne sai s'il durera.

>Je pourrois décrire ce Temple
>Et détailler les ornemens

Que le Voyageur y contemple ;
Mais n'abusons point de l'exemple
De tant de Faiseurs de Romans.
Sur-tout fuyons le verbiage
De Monsieur de *Félibien*,
Qui noye éloquemment un rien
Dans un fatras de beau langage.
Cet Edifice précieux
N'est point chargé des antiquailles
Que nos très Gothiques Ayeux
Entassoient autour des murailles
De leurs Temples, grossiers comme eux.
Il n'a point les défauts pompeux
De la Chapelle de Versailles,
Ce Colifichet fastueux,
Qui du Peuple éblouït les yeux,
Et dont le Connoisseur se raille.

Il est plus aisé de dire ce que ce Temple n'est pas, que de faire connaître ce qu'il est. J'ajouterai seulement en general, pour éviter la difficulté.

Simple en étoit la noble Architecture ;
Chaque ornement, à sa place arrêté,
Y sembloit mis par la nécessité ;
L'art s'y cachoit, sous l'air de la Nature.
L'œil satisfait embrassoit sa structure,
Jamais surpris, & toujours enchanté.

Le Temple étoit environné d'une foule de Virtuoses, d'Artistes & de Juges de toute espece,

pece, qui s'efforçoient d'entrer, mais qui n'entroient point.

Car la Critique, à l'œil severe & juſte,
Gardant les Clefs de cette Porte auguſte,
D'un bras d'airain fiérement repouſſoit
Le Peuple Goth, qui ſans ceſſe avançoit.

Oh! que d'hommes conſidérables, que de gens du bel air, qui préſident ſi impérieuſement à de petites Sociétés, ne ſont point reçus dans ce Temple!

On ne voit point dans ſon Pourpris
Les Caballes toujours mutines
De ces prétendus Beaux-Eſprits,
Qu'on vit ſoutenir dans Paris
Les Pradons & les Scuderis, (5)
Contre les immortels Ecrits
Des Corneilles & des Racines.

On repouſſoit auſſi rudement ces Ennemis obſcurs de tout mérite éclatant, ces Inſectes de la Société, qui ne ſont apperçus, que parce qu'ils piquent. Ils auroient envié également *Rocroy* au grand Condé, *Denain* à Villars, & *Polieucte* à Corneille. Ils auroient exterminé le Brun, pour avoir fait le Tableau de la Famille de Darius. Ils envient tout; ils infectent tout ce qu'ils touchent.

L'orgueil

L'orgueil les engendra dans les flancs de l'Envie,
L'Interêt, le Soupçon, l'infâme Calomnie,
Et souvent les Dévots, Monstres plus dangereux,
Entrouvrent en secret, d'un air mystérieux,
Les Portes des Palais à leur Cabale impie.
C'est là que d'un Midas ils fascinent les yeux.
Un Fat leur applaudit, un Méchant les appuye;
Et le Mérite en pleurs, persécuté par eux,
Renonce, en soupirant, aux Beaux-Arts qu'on décrie.

Ces lâches Persécuteurs s'enfuirent en voyant paroître mes deux Guides. Leur fuite précipitée fit place à un spectacle plus plaisant; c'étoit une foule d'Ecrivains de tout rang, de tout état & de tout âge, qui gratoient à la porte, & qui prioient la Critique de les laisser entrer. L'un apportoit un Roman Mathématique, l'autre une Harangue à l'Académie: celui-ci venoit de composer une Comédie Métaphysique: celui-là tenoit un petit Recueil de ses Poësies, imprimé depuis long-tems *incognito*, avec une longue Approbation & un Privilége (6); cet autre venoit présenter un Mandement en stile précieux, & étoit tout surpris qu'on se mît à rire au lieu de lui demander sa bénédiction. Je suis le Révérend Pere.... disoit l'un: faites un peu place à Monseigneur, disoit l'autre.

Un Raisonneur avec un fausset aigre
Crioit, Messieurs, je suis ce Juge integre,

Qui toûjours parle, argue, & contredit;
Je viens siffler tout ce qu'on applaudit.
Lors la Critique apparut, & lui dit :
Ami Bardou, vous êtes un grand Maître;
Mais n'entrerez en cet aimable Lieu,
Vous y venez pour fronder notre Dieu;
Contentez-vous de ne le pas connaître.

Mr. Bardou se mit alors à crier : Tout le monde est trompé, & le sera. Il n'y a point de Dieu du goût, & voici comme je le prouve. Alors il proposa, il divisa, il subdivisa, il distingua, il résuma, personne ne l'écouta, & l'on s'empressoit à la Porte plus que jamais.

Parmi les flots de la foule insensée,
De ce Parvis obstinément chassée,
Tout doucement venoit *la Motte Houdard*,
Lequel disoit d'un ton de Papelard :
Ouvrez, Messieurs, c'est mon Oedipe en prose : (7)
Mes Vers sont durs, d'accord; mais forts de chose.
De grace ouvrez; je veux à Despréaux
Contre les Vers dire avec goût deux mots.

La Critique le reconnut, à la douceur de son maintien, & à la dureté de ses derniers Vers; & elle le laissa quelque tems entre Pérault & Chapelain, qui assiégeoient la Porte depuis cinquante ans, en criant contre Virgile.

Dans

Le Temple du Goût.

Dans le moment arriva un autre Verſificateur, ſoutenu par deux petits Satires, & couvert de Lauriers & de Chardons.

Je viens, dit-il (8), pour rire & pour m'ébattre,
Me rigolant, menant joyeux déduit,
Et juſqu'au jour faiſant le Diable à quatre.

Qu'eſt-ce que j'entends-là, dit la Critique ? C'eſt moi, reprit le Rimeur. J'arrive d'Allemagne, pour vous voir, & j'ai pris la Saiſon du Printems.

Car les jeunes Zéphirs, de leurs chaudes haleines,
Ont fondu l'écorce des eaux. (9)

Plus il parloit ce langage, moins la Porte s'ouvroit. Quoi ! l'on me prend donc, dit-il,

Pour (10) une Grenouille aquatique,
Qui du fonds d'un petit thorax,
Va chantant pour toute Muſique,
Brekeke, kake, koax, koax, koax ?

Ah ! bon Dieu, s'écria la Critique ! quel horrible jargon ! On lui dit que c'étoit *Rouſſeau*, dont les Dieux avoient changé la voix en ce cri ridicule, pour punition de ſes méchancetés. Elle lui ferma la porte au plus vîte. Il fut fort étonné de ce procedé, & jura de s'en venger par quelque nouvelle Allégorie contre le Genre Humain, qu'il hait par represailles. Il s'écrioit, en rougiffant :

Adouciffez cette rigueur extrême ;
Je viens chercher *Marot*, mon Compagnon :
J'eus, comme lui, quelque peu de guignon ;
Le Dieu qui rime, eft le feul Dieu qui m'aime ;
Connaiffez-moi, je fuis toujours le même.
Voici des Vers contre l'Abbé *Bignon* (11)
O vous, Critique ! O vous, Déeffe utile !
C'étoit par vous que j'étois infpiré :
En tout Pays, en tout temps abhorré,
Je n'ai que vous déformais pour afile.

La Critique entendit ces paroles, rouvrit la porte, & parla ainfi :

Rouffeau, connais mieux la Critique ;
Je fuis jufte, & ne fus jamais
Semblable à ce Monftre cauftique,
Qui t'arma de fes lâches traits,
Trempés au poifon fatyrique,
Dont tu t'enyvres à longs traits.
Autrefois de fa félonie
Thémis te donna le Guerdon ;
Par Arrêt ta Mufe eft bannie, (12)
Pour certains couplets de Chanfon,
Et pour un fort mauvais Facton,
Que te dicta la Calomnie ;
Mais par l'équitable Apollon
Ta rage fut bien-tôt punie.

Il t'ôta le peu de génie,
Dont tu dis qu'il t'avoit fait don;
Il te priva de l'harmonie,
Et tu n'as plus rien aujourd'hui,
Que la faibleſſe & la manie
De rimer encor, malgré lui,
Des Vers Tudeſques qu'il renie.

Après avoir donné cet avis, la Critique décida que *Rouſſeau* paſſeroit devant *la Motte*, en qualité de verſificateur ; mais que *la Motte* auroit le pas, toutes les fois qu'il s'agiroit d'Eſprit & de Raiſon.

Ces deux hommes, ſi différens, n'avoient pas fait quatre pas, que l'un pâlit de colére, & l'autre treſſaillit de joye, à l'aſpect d'un homme qui étoit depuis long-temps dans ce Temple.

C'étoit le ſage *Fontenelle*,
Qui, par les Beaux Arts entouré,
Répandoit ſur eux, à ſon gré,
Une clarté pure & nouvelle.
D'une Planette, à tire d'aîle,
En ce moment il revenoit
Dans ces lieux, où le Goût tenoit
Le Siége heureux de ſon Empire.
Avec *Quinaut* il badinoit ;
Avec *Mairan* il raiſonnoit ;
D'une main legére il prenoit
Le Compas, la Plume & la Lyre.

Eh quoi ! cria *Rousseau*, je verrai ici cet Homme, contre qui j'ai fait tant d'Epigrammes ? Quoi ! Le bon Goût souffrira dans son Temple l'Auteur des *Lettres du Ch. d'Her*, d'une *Passion d'Automne*, d'un *Clair de Lune*, d'un *Ruisseau Amant de la Prairie*, de la *Tragédie d'Aspar*, d'*Endymion*, &c. ? Eh non, dit la Critique : ce n'est pas l'Auteur de tout cela que tu vois ; c'est celui des *Mondes*, Livre qui auroit dû t'instruire, de *Thétis* & de *Pelée*, Opera qui excita inutilement ton envie ; de l'*Histoire de l'Académie des Sciences*, que tu n'es pas à portée d'entendre.

Rousseau alla faire une Epigramme, & *Fontenelle* le regarda, avec cette compassion Philosophique, qu'un Esprit éclairé & étendu ne peut s'empêcher d'avoir pour un homme qui ne sait que rimer, & il alla prendre paisiblement sa place entre *Lucrece* & *Leibnitz* (13). Je demandai pourquoi *Leibnitz* étoit là ? On me répondit que c'étoit pour avoir fait d'assez bons Vers Latins, quoiqu'il fût Métaphysicien & Géometre ; & que la Critique le souffroit en cette place, pour tâcher d'adoucir, par cet exemple, l'esprit dur de la plûpart de ses Confreres.

Cependant la Critique se tournant vers l'Auteur des Mondes, lui dit : Je ne vous reprocherai pas certains Ouvrages de votre Jeunesse, comme font ces Cyniques jaloux ; mais je suis la Critique, vous êtes chez le
Dieu

Dieu du Goût, & voici ce que je vous dis de la part de ce Dieu, du Public, & de la mienne, car nous sommes, à la longue, toujours tous trois d'accord :

> Votre Muse sage & riante,
> Devroit aimer un peu moins l'art ;
> Ne la gâtez point par le fard,
> Sa couleur est assez brillante.

A l'égard de *Lucrece*, il rougit d'abord en voyant le Cardinal son ennemi ; mais à peine l'eut-il entendu parler qu'il l'aima. Il courut à lui, & lui dit en très-beaux Vers Latins, ce que je traduis ici en assez mauvais Vers Français.

> Aveugle que j'étois, je crus voir la Nature ;
> Je marchai dans la nuit, conduit par *Epicure* ;
> J'adorai, comme un Dieu, ce Mortel orgueilleux,
> Qui fit la guerre au Ciel, & détrôna les Dieux.
> L'Ame ne me parut qu'une faible étincelle,
> Que l'instant du trépas dissipe dans les airs.
> Tu m'as vaincu ; je céde ; & l'Ame est immortelle,
> Aussi-bien que ton nom, mes Ecrits, & tes Vers.

Le Cardinal répondit à ce compliment dans la Langue de *Lucréce*. Tous les Poëtes Latins qui étoient là, le prirent pour un ancien Romain à son air & à son stile ; mais les Poëtes Français sont fort fâchés qu'on fasse des Vers dans une Langue qu'on ne parle plus,

& difent que puifque *Lucrece*, né à Rome, embelliffoit *Epicure* en Latin, fon Adverfaire, né à Paris, devoit le combattre en Français. Enfin, après beaucoup de ces retardemens agréables, nous arrivâmes jufqu'à l'Autel, & jufqu'au Trône du Dieu du Goût.

 Je vis ce Dieu qu'en vain j'implore,
Ce Dieu charmant que l'on ignore,
Quand on cherche à le définir;
Ce Dieu qu'on ne fait point fervir,
Quand avec fcrupule on l'adore,
Que *la Fontaine* fait fentir,
Et que Vadius cherche encore.

 Il fe plaifoit à confulter
Ces graces fimples & naïves,
Dont la France doit fe vanter;
Ces graces piquantes & vives,
Que les Nations attentives
Voulurent fouvent imiter;
Qui de l'Art ne font point captives;
Qui régnoient jadis à la Cour,
Et que la Nature & l'Amour
Avoient fait naître fur nos Rives:
Il eft toujours environné
De leur Troupe tendre & légere:
C'eft par leurs mains qu'il eft orné,
C'eft par leurs charmes qu'il fait plaire.
Elles-mêmes l'ont couronné
D'un Diadême qu'au Parnaffe
Compofa jadis Apollon,

Du Laurier du Divin *Maron*,
Du Lierre, & du Myrte d'*Horace*,
Et des Roses d'*Anacréon*.

Sur son front régne la Sagesse :
Le Sentiment & la Finesse
Brillent tendrement dans ses yeux ;
Son air est vif, ingénieux :
Il vous ressemble enfin, Silvie,
A vous, que je ne nomme pas,
De peur des cris & des éclats
De cent Beautés que vos appas
Font dessecher de jalousie.

Non loin de lui, *Rollin* dictoit (14)
Quelques leçons à la Jeunesse ;
Et, quoiqu'en Robe, on l'écoutoit,
Chose assez rare à son espéce.
Près de là, dans un Cabinet,
Que *Girardon* & *le Puget* (15)
Embellissoient de leur sculpture,
Le Poussin sagement peignoit ; (16)
Le Brun fiérement dessinoit ; (17)
Le Sueur entre eux se plaçoit, (18)
On l'y regardoit sans murmure ;
Et le Dieu, qui de l'œil suivoit
Les traits de leur main libre & sûre,
En les admirant, se plaignoit
De voir qu'à leur docte peinture,
Malgré leurs efforts, il manquoit
Le coloris de la Nature.
Sous ses yeux, des Amours badins

Ranimoient ces touches savantes,
Avec un pinceau que leurs mains
Trempoient dans les couleurs brillantes
De la palette de *Rubens* (19).

Je fus fort étonné de ne pas trouver dans le Sanctuaire bien des gens qui passoient, il y a soixante ou quatre-vingt ans, pour être les plus chers Favoris du Dieu du Goût. Les *Pavillons*, les *Benserades*, les *Pelissons*, les *Segrais* (20), les *St. Evremond*, les *Balzacs*, les *Voitures*, ne me parurent pas occuper les premiers rangs. Ils les avoient autrefois, me dit un de mes Guides, ils brilloient avant que les beaux jours des Belles-Lettres fussent arrivés ; mais peu à peu ils ont cédé aux véritablement Grands Hommes. Ils ne font plus ici qu'une assez médiocre figure. En effet, la plûpart n'avoient guére que l'esprit de leur tems, & non cet esprit qui passe à la derniére Postérité.

Déja de leurs faibles Ecrits
Beaucoup de graces sont ternies :
Ils sont comptés encor au rang des Beaux-Esprits,
Mais exclus du rang des Génies.

Segrais voulut un jour entrer dans le Sanctuaire, en récitant ce Vers de *Despréaux*,

Que *Segrais* dans l'Eglogue en charme les Forêts.

Mais

Mais la Critique ayant lu, par malheur pour lui, quelques pages de fon Enéïde en Vers Français, le renvoya aſſez durement, & laiſſa venir à ſa place Me. *de la Fayette* (21), qui avoit mis ſous le nom de *Segrais* le Roman aimable de Zaïde, & celui de la Princeſſe de Cléves.

On ne pardonne pas à *Peliſſon*, d'avoir dit gravement tant de puérilités dans ſon Hiſtoire de l'Académie Françaiſe, & d'avoir rapporté comme des Bons-mots, des choſes aſſez groſſiéres (22). Le doux, mais faible *Pavillon*, fait la cour humblement à Madame *Deshouliéres*, qui eſt placée fort au-deſſus de lui. L'inégal *Saint-Evremond* (23) n'oſe parler de Vers à perſonne. *Balzac* aſſomme de longues phraſes hyperboliques, *Voiture* (24) & *Benserade*, qui lui répondent par des pointes & des jeux de mots, dont ils rougiſſent eux-mêmes le moment d'après. Je cherchois le fameux Comte de *Buſſy*. Me. de *Sévigné*, qui eſt aimée de tous ceux qui habitent le Temple, me dit que ſon cher Couſin, homme de beaucoup d'eſprit, mais un peu trop vain, n'avoit jamais pû réuſſir à donner au Dieu du Goût cet excès de bonne opinion que le Comte de *Buſſy* avoit de Meſſire *Roger de Rabutin*.

> *Buſſy*, qui s'eſtime & qui s'aime,
> Juſqu'au point d'en être ennuyeux,

Et censuré dans ces beaux Lieux,
Pour avoir, d'un ton glorieux,
Parlé trop souvent de lui-même. (25)
Mais son Fils, son aimable Fils,
Dans le Temple est toujours admis ;
Lui, qui, sans flatter, sans médire,
Toujours d'un aimable entretien,
Sans le croire, parle aussi-bien
Que son pere croyoit écrire.
Je vis arriver en ce lieu
Le brillant Abbé de *Chaulieu*,
Qui chantoit en sortant de table.
Il osoit caresser le Dieu,
D'un air familier, mais aimable.
Sa vive imagination
Prodiguoit dans sa douce yvresse
Des beautés sans correction (26)
Qui choquoient un peu la justesse,
Mais respiroient la passion.

La Farre, (27) avec plus de molléffe,
En baissant sa Lyre d'un ton,
Chantoit auprès de sa Maîtresse
Quelques Vers sans précision,
Que le Plaisir & la Paresse
Dictoient sans l'aide d'Apollon.
Auprès deux, le vif *Hamilton*, (28)
Toujours armé d'un trait qui blesse,
Médisoit de l'Humaine Espéce,
Et même d'un peu mieux, dit-on.
L'aisé, le tendre *Saint Haulaire*,
Plus vieux encore qu'*Anacréon*,

Avoit une voix plus légere :
On voyoit les fleurs de Cithére,
Et celles du facré Vallon
Orner fa tête octogénaire.

Le Dieu aimoit fort tous ces Meſſieurs, & fur-tout ceux qui ne fe piquoient de rien ; il avertiſſoit *Chaulieu*, de ne fe croire que le premier des Poëtes négligés, & non pas le premier des bons Poëtes.

Ils faifoient converfation avec quelques-uns des plus aimables Hommes de leur tems. Ces entretiens n'ont ni l'affectation de l'Hôtel de Rambouillet (29), ni le tumulte qui régne parmi nos jeunes Etourdis.

On y fait fuir également,
Le Précieux, le Pédantifme,
L'air empefé du Syllogifme,
Et l'air fou de l'emportement.
C'eſt là qu'avec grace on allie
Le vrai Savoir à l'Enjoûment,
Et la Juſteſſe à la Saillie.
L'Efprit en cent façons fe plie :
On fait lancer, rendre, effuyer
Des traits d'aimable raillerie :
Le bon Sens, de peur d'ennuyer,
Se déguife en Plaifanterie.

Là fe trouvoit *Chapelle*, ce Génie plus débauché encore que délicat, plus naturel
que

que poli, facile dans ſes Vers, incorrect dans ſon ſtile, libre dans ſes idées. Il parloit toûjours au Dieu du Goût, ſur les mêmes rimes. On dit que ce Dieu lui répondit un jour :

  Réglez mieux votre paſſion
  Pour ces ſyllabes enfilées,
  Qui chez *Richelet* étalées,
  Quelquefois ſans invention,
  Diſent avec profuſion
  Des riens en rimes redoublées.

Ce fut parmi ces Hommes aimables, que je rencontrai le Préſident *de Maiſons*, homme très éloigné de dire des riens, homme aimable & ſolide, qui avoit aimé tous les Arts.

O tranſports! O plaiſirs! O momens pleins de charmes !
Cher Maiſons, m'écriai-je, en l'arroſant de larmes,
C'eſt toi que j'ai perdu, c'eſt toi que le trépas,
A la fleur de tes ans, vint fraper dans mes bras.
La Mort, l'affreuſe Mort fut ſourde à ma priere.
Ah ! puiſque le Deſtin nous vouloit ſéparer,
C'étoit à toi de vivre, à moi ſeul d'expirer.
Hélas ! depuis le jour où j'ouvris la paupiere,
Le Ciel, pour mon partage, a choiſi les douleurs,
Il ſeme de chagrins ma pénible carriére,
La tienne étoit brillante & couverte de fleurs.
Dans le ſein des Plaiſirs, des Arts & des Honneurs,
Tu cultivois en paix les fruits de ta ſageſſe ;
Ta vertu n'étoit point l'effet de ta faibleſſe ;

Je

Je ne te vis jamais offufquer ta raifon,
Du bandeau de l'exemple, & de l'opinion :
L'Homme eft né pour l'erreur, on voit la molle argile,
Sous la main du Potier, moins fouple & moins docile,
Que l'ame n'eft flexible aux préjugés divers,
Précepteurs ignorans de ce faible Univers.
Tu bravas leur Empire & tu ne fus te rendre,
Qu'aux paifibles douceurs de la pure amitié;
Et dans toi la nature avoit affocié
A l'efprit le plus ferme, un cœur facile & tendre.

Parmi ces gens d'efprit, nous trouvâmes quelques Jéfuites. Un Janféniste dira que les Jéfuites fe fourrent par-tout ; mais le Dieu du Goût reçoit auffi leurs Ennemis ; & il eft affez plaifant de voir dans ce Temple *Bourdaloue* qui s'entretient avec Pafcal fur le grand art de joindre l'Eloquence au Raifonnement. Le P. *Bouhours* eft derriére eux, marquant fur des Tablettes toutes les fautes de langage, & toutes les négligences qui leur échappent.

Le Cardinal ne put s'empêcher de dire au Pere *Bouhours* :

> Quittez d'un Cenfeur pointilleux
> La pédantefque diligence ;
> Aimons jufqu'aux défauts heureux
> De leur mâle & libre Eloquence.
> J'aime mieux errer avec eux,
> Que d'aller, Cenfeur fcrupuleux,
> Pefer des mots dans ma balance.

Cela fut dit avec beaucoup plus de politeffe que je ne le rapporte ; mais nous autres Poëtes,

Poëtes, nous sommes souvent très-impolis, pour la commodité de la rime.

Je ne m'arrêtai pas dans ce Temple à voir les seuls Beaux-Esprits.

> Vers enchanteurs, exacte Prose,
> Je ne me borne point à vous.
> N'avoir qu'un Goût, est peu de chose :
> Beaux-Arts, je vous invoque tous.
> Musique, Danse, Architecture,
> Art de graver, docte Peinture,
> Que vous m'inspirez de désir !
> Beaux-Arts, vous êtes des plaisirs ;
> Il n'en est point qu'on doive exclure.

Je vis les Muses présenter tour à tour sur l'Autel du Dieu, des Livres, des Desseins, & des Plans de toute espéce. On voit sur cet Autel, le Plan de cette belle façade du Louvre, dont on n'est point redevable au Cavalier *Bernin*, qu'on fit venir inutilement en France avec tant de frais, & qui fut construite par *Pérault* & par *Louis le Veau*, grands Artistes trop peu connus. Là, est le dessein de la Porte S. Denis, dont la plûpart des Parisiens ne connoissent pas plus la beauté, que le nom de François *Blondel*, qui acheva ce Monument. Cette admirable Fontaine (30) qu'on remarque si peu, & qui est ornée des précieuses sculptures de *Jean Gougeon*. Le Portail de Saint Gervais, chef-d'œuvre d'Architecture, auquel il manque une Eglise, une Place & des Admirateurs ; & qui devroit immortaliser le nom de *Desbrosses*, encore plus que le Palais du Luxembourg qu'il a auſſi bâti. Tous ces beaux Monumens négligés par un vulgaire toujours barbare, & par les gens du monde toujours légers, attirent ſouvent les regards du Dieu.

On nous fit voir enſuite la Bibliothéque de ce Palais enchanté; elle n'étoit pas ample. On croira bien que nous n'y trouvâmes pas

> L'amas curieux & biſarre,
> De vieux Manuſcrits vermoulus,
> Et la ſuite inutile & rare
> D'Ecrivains qu'on n'a jamais lus:
> Mais les Muſes ont elles-mêmes
> En leur rang placé ces Auteurs,
> Qu'on lit, qu'on eſtime, & qu'on aime,
> Et dont la ſageſſe ſuprême,
> N'a, ni trop, ni trop peu de fleurs.

Preſque tous les Livres y ſont corrigés, & retranchés de la main des Muſes. On y voit, entre autres, l'Ouvrage de *Rabelais*, réduit, tout au plus, à un demi quart.

Marot, qui n'a qu'un ſtile, & qui chante du même ton les Pſeaumes de David, & les Merveilles d'Alix, n'a plus que huit ou dix feuillets. *Voiture* & *Sarrazin* n'ont pas, à eux deux, plus de ſoixante pages.

Tout l'eſprit de *Bayle* ſe trouve dans un ſeul Tome, de ſon propre aveu; car ce judicieux Philoſophe, ce Juge éclairé de tant d'Auteurs, & de tant de Sectes, diſoit ſouvent qu'il n'auroit pas compoſé plus d'un *in folio*, s'il n'avoit écrit que pour lui, & non pour ses Libraires. (31)

Enfin, on nous fit passer dans l'intérieur du Sanctuaire. Là, les Mistéres du Dieu furent dévoilés : là, je vis ce qui doit servir d'exemple à la Postérité ; Un petit nombre de véritablement grands Hommes, s'occupoient à corriger ces fautes de leurs écrits excellens, qui seroient des beautés dans des écrits médiocres.

L'aimable Auteur du Télémaque retranchoit des répétitions, & des détails inutiles dans son Roman Moral, & rayoit le Titre de Poëme Epique, que quelques zélés indiscrets lui donnent ; car il avoue sincérement, qu'il n'y a point de Poëme en Prose.

L'éloquent *Bossuet* vouloit bien rayer quelques familiarités échapées à son génie vaste, impétueux & facile, lesquelles déparent un peu la sublimité de ses Oraisons Funébres ; & il est à remarquer qu'il ne garantit point tout ce qu'il a dit de la prétendue sagesse des anciens Egyptiens.

> Ce grand, ce sublime *Corneille*,
> Qui plut bien moins à notre oreille,
> Qu'à notre esprit qu'il étonna :
> Ce *Corneille* qui crayonna (31)
> L'Ame d'Auguste, de Cinna,
> De Pompée & de Cornélie,
> Jettoit au feu sa Pulchérie,
> Agésilas & Suréna,
> Et sacrifioit, sans faiblesse,

Tous ses Enfans infortunés,
Fruits languissans de sa vieillesse,
Trop indignes de leurs Aînés.

Plus pur, plus élégant, plus tendre,
Et parlant au cœur de plus près,
Nous attachant sans nous surprendre,
Et ne se démentant jamais,
Racine observe les Portraits
De Bajazet, de Xiphares,
De Britannicus, d'Hippolite:
A peine il distingue leurs traits,
Ils ont tous le même mérite,
Tendres, galans, doux & discrets:
Et l'Amour qui marche à leur suite,
Les croit des Courtisans Français.
Toi, Favori de la Nature,
Toi, *la Fontaine*, Auteur charmant,
Qui bravant, & rime, & mesure,
Si négligé dans ta parure,
N'en avois que plus d'agrément:
Sur tes Ecrits inimitables,
Dis nous quel est ton sentiment;
Eclaire notre jugement
Sur tes Contes, & sur tes Fables.

La Fontaine, qui avoit conservé la naïveté de son caractére, & qui, dans le Temple du Goût, joignoit un sentiment éclairé à cet heureux & singulier instinct qui l'inspiroit pendant sa vie, retranchoit quelques-unes de ses Fables, mais en très-petite quantité. Il accourcissoit presque tous ses Contes, & déchiroit les trois quarts d'un gros Recueil d'Oeuvres posthumes, imprimé par ces Editeurs, qui vivent des sottises des Morts.

Là, régnoit *Despréaux*, leur Maître en l'art d'écrire,
Lui qu'arma la Raison des traits de la Satire ;
Qui, donnant le précepte & l'exemple à la fois,
Etablit d'Apollon les rigoureuses Loix :
Il revoit ses Enfans avec un œil sévere ;
De la triste *Equivoque* il rougit d'être Pere ;
Et rit des traits marqués du pinceau faible & dur,
Dont il défigura le Vainqueur de Namur.
Lui-même, il les efface, & semble encor nous dire :
Ou sachez vous connaître, ou gardez-vous d'écrire.

Despréaux, par un ordre exprès du Dieu du Goût, se réconcilioit avec *Quinault*, qui est le Poëte des graces, comme *Despréaux* est le Poëte de la Raison.

 Mais le sévére Satirique
 Embrassoit encor, en grondant,
 Cet aimable & tendre Lyrique,
 Qui lui pardonnoit en riant.

Je ne me réconcilie point avec vous, disoit *Despréaux*, que vous ne conveniez qu'il y a bien des fadeurs dans ces Opéra si agréables. Cela peut bien être, dit *Quinault* : mais, avouez aussi, que vous n'eussiez jamais fait Atys, ni Armide.

 Dans vos scrupuleuses beautés
 Soyez vrai, précis raisonnable ;
 Que vos Ecrits soient respectés ;
 Mais permettez-moi d'être aimable.

Après avoir salué *Despréaux*, & embrassé tendrement *Quinault*, je vis l'inimitable *Moliére*, & j'osai lui dire :

> Le Sage, le discret Térence,
> Est le premier des Traducteurs :
> Jamais, dans sa froide élégance,
> Des Romains il n'a peint les mœurs :
> Tu fus le Peintre de la France.
> Nos Bourgeois à sots préjugés,
> Nos petits Marquis rengorgés,
> Nos Robins toujours arrangés,
> Chez toi venoient se reconnaitre ;
> Et tu les aurois corrigés,
> Si l'Esprit Humain pouvoit l'être.

Ah ! disoit-il, pourquoi ai-je été forcé d'écrire quelquefois pour le Peuple ? Que n'ai-je toujours été le maître de mon tems ? J'aurois trouvé des dénoûmens plus heureux, j'aurois moins fait descendre mon génie au bas Comique.

C'est ainsi que tous ces Maîtres de l'Art montroient leur supériorité, en avouant ces erreurs auxquelles l'humanité est soumise, & dont nul Grand Homme n'est exempt.

Je connus alors que le Dieu du Goût est très-difficile à satisfaire ; mais qu'il n'aime point à demi. Je vis que les Ouvrages qu'il critique le plus en détail, sont ceux qui, en tout, lui plaisent davantage.

> Nul Auteur avec lui n'a tort,
> Quand il a trouvé l'art de plaire :

Il le critique sans colére,
Il l'applaudit avec transport.
Melpoméne, étalant ses charmes,
Vient lui présenter ses Héros,
Et c'est en répandant des larmes
Que ce Dieu connaît leurs défauts.
Malheureux qui toujours raisonne,
Et qui ne s'attendrit jamais !
Dieu du Goût, ton divin Palais
Est un séjour qu'il abandonne.

Quand mes Conducteurs s'en retournérent, le Dieu leur parla, à-peu-près, dans ce sens ; car il ne m'est pas donné de dire ses propres mots.

Adieu, mes plus chers Favoris.
Comblés des faveurs du Parnasse ;
Ne souffrez pas que dans Paris
Mon Rival usurpe ma place.

Je scai qu'à vos yeux éclairés
Le faux Goût tremble de paraître ;
Si jamais vous le rencontrez,
Il est aisé de le connaître.

Toujours accablé d'ornemens,
Composant sa voix, son visage,
Affecté dans ses agrémens,
Et précieux dans son langage.

Il prend mon Nom, mon Etendard,
Mais on voit assez l'imposture ;
Car il n'est que le Fils de l'Art,
Moi, je le suis de la Nature.

REMARQUES

REMARQUES

Servant d'éclaircissement sur les principaux sujets du Temple du Goût, renvoyées chacune par leur numero.

(1) MR. le Cardinal de *Polignac* a composé un Poëme Latin contre Lucrece. Tous les Gens de Lettres connaissent ces Vers, qui sont au commencement :

Pieridum si forte lepos austera canentes
Deficit, eloquio victi, re vincimus ipsa.

(2) *Dacier,* avoit une Littérature fort grande : il connaissoit tout dans les Anciens, hors la grace & la finesse : ses Comentaires ont par-tout de l'érudition & jamais de goût ; il traduit grossiérement les délicatesses d'Horace. Si Horace dit à sa Maîtresse : *Miseri quibus intentata nites,* Dacier dit : *Malheureux ceux qui se laissent attirer par cette bonace, sans vous connaître.* Il traduit, *Nunc est bibendum, nunc pede libero pulsanda tellus : C'est à present qu'il faut boire, & que, sans rien craindre, il faut danser de toute sa force. Mox juniores quærit adulteros :* Elles ne sont pas plûtôt mariées, qu'elles cherchent de nouveaux Galans. Mais quoiqu'il défigure Horace, & que ses Notes soient d'un Savant peu spirituel, son Livre est plein de recherches utiles, & on loue son travail, en voyant son peu de génie.

(3) *Saumaise,* est un Auteur savant qu'on ne lit plus guére. Il commence ainsi sa défense du Roi d'Angleterre Charles I. Anglais, qui vous renvoyez les Têtes des Rois come des *Balles de Paumes,* qui jouez à la *Boule* avec des *Couronnes,* & qui vous servez de *Sceptres* come de *Marotes.*

(4) *Vatau,* est un Peintre Flamand, qui a travaillé à Paris où il est mort il y a quelques années. Il a réussi dans

P les

les petites figures qu'il a deffinées, & qu'il a très-bien groupées; mais il n'a jamais rien fait de grand, il en étoit incapable.

(5) *Scuderi*, étoit, comme de raifon, ennemi déclaré de *Corneille*. Il avoit une Cabale qui le mettoit fort au-deffus de ce Pere du Théatre. Il y a encore un mauvais Ouvrage de *Sarrazin*, fait pour prouver que je ne fai quelle Piéce de *Scuderi*, nommée l'Amour Tyrannique, étoit le Chef-d'œuvre de la Scéne Françaife. Ce *Scuderi* fe vantoit, qu'il y avoit eu quatre Portiers de tués à une de fes Piéces; & il difoit qu'il ne céderoit à *Corneille*, qu'en cas qu'on eût tué cinq Portiers aux Cid, & aux Horaces.

A l'égard de *Pradon*, on fait que fa Phédre fut d'abord beaucoup mieux reçue que celle de *Racine*, & qu'il fallut du tems pour faire céder la Cabale au mérite.

(6) Beaucoup de mauvais Livres imprimés avec des approbations pleines d'éloges.

(7) *Houdard de la Motte* fit en 1728. un Oedipe en profe, & un Oedipe en vers. A l'égard de fon Oedipe en profe, perfonne, que je fache, n'a pu le lire. Son Oedipe en vers fut joué trois fois. Il eft imprimé avec fes autres Oeuvres Dramatiques, & l'Auteur a eu foin de mettre dans un Avertiffement, que cette Piéce a été interrompue au milieu du plus grand fuccès. Cet Auteur a fait d'autres Ouvrages eftimés, quelques Odes très-belles, de jolis Opera, & des Differtations très-bien écrites.

(8) Vers de Rouffeau.

(9) Vers de Rouffeau.

(10) Id. ibid.

(11) Confeiller d'Etat, homme d'un mérite reconnu dans l'Europe, & Protecteur des Sciences. *Rouffeau* avoit fait contre lui quelques mauvais Vers.

(12) On fçait que *Rouffeau* fut condamné à l'amende honorable & au banniffement perpétuel, pour des Couplets infâmes faits contre fes amis, & dont il accufa le Sr. *Saurin* de l'Academie des Sciences, d'être l'Auteur. Les Curieux ont confervé les Pieces de ce procès. Le Factum de *Rouffeau* paffe pour être extrêmement mal écrit. Celui de Mr. *Saurin*, eft un Chef-d'œu-

d'œuvre d'esprit & d'éloquence. *Rousseau* banni de France, s'est brouillé avec tous ses Protecteurs, & a continué de déclamer inutilement contre ceux qui faisoient honneur à la France par leurs Ouvrages, comme Mrs. de *Fontenelle, Crebillon, Destouches, Dubos* &c.

(13) *Leibnitz*, né à Leipzik le 23. Juin 1646. mort à Hanovre le 14. Novembre 1716. Nul Homme de Lettres n'a fait tant d'honneur à l'Allemagne. Il étoit plus universel que *Neuton*, quoiqu'il n'ait peut-être pas été si grand Mathématicien. Il joignoit à une profonde étude de toutes les parties de la Physique, un grand goût pour les Belles-Lettres ; il faisoit même des Vers Français. Il a paru s'égarer en Métaphysique ; mais il a cela de commun avec tous ceux qui ont voulu faire des Systêmes. Au reste, il dut sa fortune à sa réputation. Il jouissoit de grosses Pensions de l'Empereur d'Allemagne, de celui de Moscovie, du Roi d'Angleterre & de plusieurs autres Souverains.

(14) *Charles Rollin*, ancien Recteur de l'Université & Professeur Royal, est le premier homme de l'Université, qui ait écrit purement en Français pour l'Instruction de la Jeunesse, & qui ait recommandé l'étude de notre Langue, si nécessaire & cependant si négligée dans les Ecoles. Son Livre du *Traité des Etudes*, respire le bon goût, & la saine Littérature presque par-tout. On lui reproche seulement de descendre dans des minuties. Il ne s'est guère éloigné du bon goût que quand il a voulu plaisanter, *Tom. 3. pag. 305.* en parlant de Cyrus. *Aussi-tôt*, dit-il, *on équippe le petit Cyrus en Echanson :* il s'avance *gravement la serviette sur l'épaule, & tenant la Coupe délicatement entre trois doigts ;* J'ai apprehendé, dit le petit Cyrus, *que cette liqueur ne fût du poison.* Comment cela? *Oui, mon Papa.* Et en un autre endroit, en parlant des Jeux qu'on peut permettre aux Enfans. *Une bale, un balon, un sabot, sont fort de leur goût. Depuis le toit jusqu'à la Cave, tout parloit Latin chez Robert Etienne.* Il seroit à souhaiter qu'on corrigeât ces mauvaises plaisanteries, dans la premiere Edition qu'on fera de ce Livre, si estimable d'ailleurs.

(15) *Girardon* mettoit dans ses Statues plus de grace, & *Puget* plus d'expression. Les Bains d'Apollon sont de

Girardon ; mais il n'a pas fait les Chevaux, ils font de *Marſy*, Sculpteur digne d'avoir mêlé ſes travaux avec *Girardon*. Le Milon & le Gladiateur ſont de *Puget*.

(16) *Le Pouſſin*, né aux Andelis en 1594., n'eut de Maître que ſon génie, & quelques Eſtampes de *Raphael*, qui lui tomberent entre les mains. Le deſir de conſulter la belle Nature dans les Antiques le fit aller à Rome, malgré les obſtacles qu'une extrême pauvreté mettoit à ce Voyage. Il y fit beaucoup de Chef-d'œuvres, qu'il ne vendoit que ſept Ecus piéce. Appellé en France par le Secretaire d'Etat *Desnoyers*, il y établit le bon goût de la Peinture ; mais perſécuté par ſes envieux, il s'en retourna à Rome, où il mourut avec une grande réputation, & ſans fortune. Il a ſacrifié le Coloris à toutes les autres parties de la Peinture. Ses Sacremens ſont trop gris ; cependant il y a dans le Cabinet de Mr. le Duc d'Orleans un raviſſement de St. Paul, du *Pouſſin*, qui fait pendant avec la viſion d'Ezechiel, de *Raphaël*, & qui eſt d'un coloris aſſez fort. Ce Tableau n'eſt déparé du tout par celui de *Raphael*, & on les voit tous deux, avec un égal plaiſir.

(17) *Le Brun*, Diſciple de *Nouet*, n'a péché que dans le Coloris. Son Tableau de la Famille d'Alexandre eſt beaucoup mieux coloré que ſes Batailles. Ce Peintre n'a pas un ſi grand goût de l'Antique que le *Pouſſin* & *Raphael* ; mais il a autant d'invention que *Raphael*, & plus de vivacité que le *Pouſſin*. Les Eſtampes des Batailles d'Alexandre ſont plus recherchées que celles des Batailles de Conſtantin par *Raphael* & par *Jules Romain*.

(18) *Euſtache le Sueur* étoit un excellent Peintre, quoiqu'il n'eût point été en Italie. Tout ce qu'il a fait étoit dans le grand goût ; mais il manquoit encore de beau Coloris.

Ces trois Peintres ſont à la tête de l'Ecole Françaiſe.

(19) *Rubens* égale le *Titien* pour le Coloris ; mais il eſt fort au-deſſous de nos Peintres Français pour la correction du deſſein.

(20) *Segrais* eſt un Poëte très-faible ; on ne lit point ſes Eglogues, quoique *Boileau* les ait vantées.

Son

Remarques sur le Temple du Goût.

Son Enéide eſt écrite du ſtile de *Chapelain*. Il y a un Opera de lui. C'eſt Rolland & Angélique ſous le titre de l'Amour guéri par le Tems. On voit ces Vers dans le Prologue :

> Pour couronner leur tête.
>   En cette Fête,
> Allons dans nos Jardins,
> Avec les Lys de Charlemagne
> Aſſembler les Jaſmins
> Qui parfument l'Eſpagne.

La Zaïde eſt un Roman purement écrit, & entre les mains de tout le monde ; mais il n'eſt pas de lui.

(21) Voici ce que Mr. *Huet* Evêque d'Avranches rapporte, pag. 204. de ſes Commentaires, Edition d'Amſterdam. Me. *de la Fayette* négligea ſi fort la gloire qu'elle méritoit, qu'elle laiſſa ſa *Zaïde* paroître ſous le nom de *Segrais* ; & lorſque j'eus rapporté cette Anecdote, quelques Amis de *Segrais*, qui ne ſavoient pas la vérité, ſe plaignirent de ce trait, comme d'un outrage fait à ſa mémoire. Mais c'étoit un fait dont j'avois été long-tems témoin oculaire, & c'eſt ce que je ſuis en état de prouver, par pluſieurs Lettres de Me. *de la Fayette* & par l'Original du Manuſcrit de Zaïde, dont elle m'envoyoit les feuilles à meſure qu'elle les compoſoit.

(22) Voici ce que *Péliſſon* rapporte comme des Bons-mots. Sur ce qu'on parloit de marier *Voiture*, fils d'un Marchand de Vin, à la fille d'un Pourvoyeur de chez le Roi.

> O que ce beau couple d'Amans
> Va goûter de contentement !
> Que leurs délices ſeront grandes,
> Ils ſeront toujours en Feſtin ;
> Car ſi la *Prou* fournit les viandes
> *Voiture* fournira le Vin !

Il ajoute que Madame *Desloges* jouant au jeu des Proverbes, dit à *Voiture*: Celui-ci ne vaut rien, percez-nous-en d'un autre. Son Histoire de l'Académie est remplie de pareilles minuties, écrites languissamment, & ceux qui lisent ce Livre sans prévention, sont bien étonnés de la réputation qu'il a eue ; mais il y avoit alors quarante Personnes interessées à le louer.

(23) On sait à quel point St. *Evremond* étoit mauvais Poëte. Ses Comédies sont encore plus mauvaises. Cependant il avoit tant de réputation, qu'on lui offrit cinq cens Louis pour imprimer sa Comédie de *Sir Politick*.

(24) *Voiture* est celui de tous ces Illustres du tems passé qui eut le plus de gloire, & celui dont les Ouvrages le méritent le moins, si vous en exceptez 4 ou 5 petites Piéces de Vers, & peut-être autant de Lettres. Il passoit pour écrire des Lettres mieux que Pline, & ses Lettres ne valent guére mieux que celles de *le Pays* & de *Boursaut*. Voici quelques-uns de ses traits : „Lorsque vous me déchirez le cœur, & que „vous le mettez en mille piéces, il n'y en a pas une „qui ne soit à vous, & un de vos souris confit mes „plus ameres douleurs. Le regret de ne vous plus „voir me coûte, sans mentir, plus de cent mille lar„mes. Sans mentir, je vous conseille de vous faire „Roi de Madére. Imaginez-vous le plaisir d'avoir un „Royaume tout de Sucre. A dire le vrai nous y vi„vrions avec beaucoup de douceur.

Il écrit à *Chapelain*: „Et notez quand il me vient „en la pensée, que c'est au plus judicieux Homme „de notre Siécle, au Pere de la Lionne & de la Pu„celle que j'écris, les cheveux me dressent si fort à „la tête qu'ils semblent d'un Hérisson.„

Souvent rien n'est si plat que sa Poësie.

> Nous trouvâmes près Sercotte,
> Cas étrange, & vrai, pourtant,
> Des Bœufs qu'on voyoit broutant
> Dessus le haut d'une Motte ;
> Et plus bas quelques Cochons
> Et bon nombre de Moutons.

Cependant *Voiture* a été admiré, parce qu'il est venu dans un tems, où l'on commençoit à sortir de la Barbarie, & où l'on couroit après l'Esprit sans le connoître. Il est vrai que *Despréaux* l'a comparé à Horace; mais *Despréaux* étoit alors jeune. Il payoit volontiers ce tribut à la réputation de *Voiture*, pour attaquer celle de *Chapelain*, qui passoit alors pour le plus grand Génie de l'Europe.

(25) Il écrivit au Roi : Sire, un Homme comme moi qui a de la naissance, de l'esprit & du courage. ... j'ai de la naissance, & l'on dit que j'ai de l'esprit pour faire estimer ce que je dis.

(26) L'Abbé de *Chaulieu* dans une Epître au Marquis de *la Farre*, connue dans le Public sous le titre du Déiste, dit;

J'ai vu de près le Styx, j'ai vu les Euménides,
Déja venoient frapper mes oreilles timides
Les affreux cris du Chien de l'Empire des Morts.

Le moment d'après il fait le portrait d'un Confesseur, & parle du Dieu d'Israël. Dans une autre Piéce sur la Divinité, il dit :

D'un Dieu, moteur de tout, j'adore l'existence.
Ainsi l'on doit passer avec tranquillité,
Les ans que nous départ l'aveugle Destinée.

On trouve dans ses Poësies beaucoup de contradictions pareilles. Il n'y a pas trois Piéces écrites avec une correction continue; mais les beautés de sentiment & d'imagination qui y sont répandues en rachetent les défauts.

L'Abbé de *Chaulieu* mourut en 1720. âgé de près de 80. ans, avec beaucoup de courage d'esprit.

(27) Le Marquis de *la Farre*, Auteur des Mémoires qui portent son nom, & de quelques Piéces de Poësie, qui respirent la douceur de ses mœurs, étoit plus aimable homme, qu'aimable Poëte. Il est mort en 1718. Ses Poësies sont imprimées à la suite des Oeu-

Oeuvres de l'Abbé de *Chaulieu* son intime ami, avec une Préface très-partiale & pleine de défauts.

(28) Le Comte *Antoine Hamilton*, né à Caën en Normandie, a fait des Vers pleins de feu & de légereté. Il étoit fort satirique. Mr. de St. Aulaire, à l'âge de plus de 90 ans, faisoit encore des Chansons aimables.

(29) *Despréaux* alla réciter ses Ouvrages à l'Hôtel de Rambouillet; Il y trouva *Chapelain*, *Cotin* & quelques gens de pareil goût, qui le reçurent fort mal.

(30) La Fontaine St. Innocent; l'Architecture est de *Lescot*, Abbé de Clagni, & les Sculptures de *Jean Gougeon*.

(31) C'est ce que *Bayle* lui-même écrivit au Sieur des Maisaux.

(32) Terme dont *Corneille* se sert dans une de ses Epîtres.

www.ingramcontent.com/pod-product-compliance
Lightning Source LLC
Chambersburg PA
CBHW071948160426
43198CB00011B/1589